SUPPLÉMENT

AU TOME VI

DE

L'EXPLICATION THÉORIQUE et PRATIQUE du CODE CIVIL

Par MARCADÉ et P. PONT

Législation, Doctrine et Jurisprudence jusqu'en 1894

NOTA. — Le premier numéro est celui de l'article du Code civil modifié par la Législation ou interprété par la Jurisprudence et les auteurs, de 1875 à 1894.
Le second numéro est celui de la page du tome VI (8e édition), où Marcadé s'occupe du point en discussion que la note du Supplément a pour objet de compléter.

1531, *p. 9.* — Voyez, dans le sens de la doctrine de Marcadé au sujet du droit des créanciers sur le mobilier de la femme mariée sous le régime exclusif de communauté : — Agen, 1er juin 1889 (S., 92, 2, 78). — Voy. aussi Aubry et Rau (V, § 531, texte et note 24); Baudry-Lacantinerie (III, n° 332); Guillouard, *Mariage*, III, n° 1961).

1536, *p. 12.* — La femme séparée de biens peut procéder, sans y appeler son mari et hors sa présence, à l'inventaire d'une succession à elle échue. — Orléans, 15 fév. 1893 (S., 93, 2, 288).

1539, *p. 14.* — La femme séparée de biens, qui a manifesté d'une manière formelle son intention de reprendre l'administration de ses biens qu'elle avait auparavant donnée ou laissée à son mari, peut demander compte à celui-ci de tous les fruits, tant existants que consommés, qu'il a perçus depuis le jour où son administration aurait dû cesser. — Cass., 31 mars 1879 (S., 80, 1, 425) ; Aubry et Rau (V, § 516, p. 406).

1540, *p. 18.* — S'il appartient à la Cour de cassation de déterminer le caractère légal des conventions matrimoniales et d'en qualifier les clauses, ce droit ne fait pas obstacle au pouvoir souverain qu'ont les Cours d'appel d'interpréter les stipulations particulières contenues auxdits contrats, quand elles présentent un doute, et d'indiquer, d'après les circonstances spéciales de la cause, quelle a été l'intention des parties. — Cass., 25 mars 1889 (S., 91, 1, 156). — V. aussi Cass., 13 mai 1885 (S., 85, 1, 312) ; Cass., 6 août 1888 (S., 89, 1, 71).

1540, *p. 18.* — La constitution faite par le père à sa fille a le caractère d'une donation dans les rapports du père avec la fille dotée, mais il a le caractère d'un acte à titre onéreux à l'égard du gendre, et le contrat ne peut être scindé. — Cass., Palerme, 6 août 1891 (S., 92, 4, 10). — Ajout. Cass., Belgique, 9 janv. 1890 (S., 91, 4, 5). — Mais la Jurisprudence française assimile la constitution de dot à un acte à titre onéreux soit à l'égard de la [illegible] voy., Poitiers, 21 août 1878 (S., 78, 2, 157); Cass., 11 nov. 1878 (S., 80, 1, 28); Agen, 3 fév. 1885 (S., 86, 2, 31), soit à l'égard du mari, Cass., 22 août 1876 (S., 77, 1, 154).

Au sujet des revenus des biens dotaux et paraphernaux, — voy. Cass., 8 janv. 1890 (S., 92, 1, 380).

1541, *p. 18.* — La seule déclaration faite par les époux qu'ils se marient sous le régime dotal ne suffit pas pour frapper de dotalité tous les biens de la femme. — Cass., 30 juill. 1877 (D. 78, 1, 174); Aubry et Rau (V, § 533 *bis*); Rodière et Pont (III, n° 1664). V. aussi Cass., 7 fév. 1881 (D., 81, 1, 308).

1541, *p. 19.* — Lorsqu'une femme a reçu en dot de ses père et mère une somme stipulée dotale et payable au futur époux au décès du survivant et que, lors de ce décès, la succession se compose uniquement d'immeubles, la femme doit être réputée avoir reçu ces immeubles grevés de la dot qui y était incorporée et les tenir du *de cujus* par une sorte de dation en paiement. — Et si la femme contracte un emprunt sur ces immeubles, elle ne peut conférer à ses créanciers un droit quelconque au détriment de sa dot mobilière inaliénable. — Elle peut donc se faire attribuer, par préférence à ses créanciers, le montant de sa dot sur le prix des immeubles. — Et sa déclaration que les immeubles étaient libres et paraphernaux ne constitue pas un quasi-délit puisque cette déclaration était vraie, sous cette réserve que sa dot était amalgamée à ces immeubles : Toulouse, 27 juin 1892 (S., 93, 2, 188). — Voyez en sens contraire Cass., 3 juin 1891 (S., 93, 1, 5), la note de M. Labbé et le Rapport de M. le conseiller Cotelle.

1541, *p. 22.* — Jugé que, dans le cas où la constitution de dot est particulière, les produits de l'industrie personnelle de la femme sont paraphernaux et deviennent sa propriété. — Montpellier, 27 mai 1879 (D., 80, 2, 117); Demolombe (IV, n°s 315 et 316); —voy. Aubry et Rau (V, § 534, note 7); Rodière et Pont (n°s 1959 et 1975). — Voy. aussi Cass., 22 juillet 1889 (S., 92, 1, 589).

1542, *p. 23.* — Est dotal pour le tout l'immeuble dont une femme dotale, avec constitution de tous ses biens présents et de tous ceux qui pourraient lui advenir de quelque manière et à quelque titre que ce soit, devient propriétaire, tant comme héritière que comme cessionnaire de ses cohéritiers, en vertu de cessions qui ont fait cesser l'indivision et consolidé sur sa tête la propriété conformément à l'art. 883 C. civ. — Limoges, 14 nov. 1876 (S., 77, 2, 137; D., 77, 2, 35). — Voy. aussi Cass., 22 juill. 1889 (S., 92, 1, 589).

1542, *p. 23.* — Décidé que, lorsqu'une dot mobilière est rapportée à la succession du constituant, le capital reçu en représentation sur les autres valeurs successorales se trouve frappé de dotalité. — Cass., 3 fév. 1879 (D., 79, 1, 246).

1542, *p. 23.* — Ne deviennent pas dotaux les biens acquis à titre onéreux par une femme qui, en se mariant sous le régime dotal, s'est constitué en dot tous ses biens présents et à venir, en établissant en même temps une société d'acquêts; et cela alors même que la société d'acquêts aurait été dissoute par la séparation de biens avant l'acquisition. — Rouen, 17 fév. 1877 (S., 78, 2, 254).

Décidé également que le juge du fond peut, par interprétation des clauses du contrat de mariage, déclarer paraphernaux et par suite saisissables les meubles acquis par la femme à titre onéreux. — Par suite, le patrimoine de la femme se composant de meubles paraphernaux et de meubles dotaux, c'est à la femme à faire la preuve de la dotalité des meubles qu'elle prétend insaisissables. — Cass., 24 nov. 1890; Cass., 8 juill. 1891 (S., 93, 1, 313) et la note de M. Bourcart, *professeur à la faculté de Droit de Nancy*.

1542, *p. 25.* — Jugé que la plus-value du fonds dotal profite à la dot, sauf la récompense dont elle peut être tenue dans le cas où cette plus-value serait le résultat de modifications ou de grosses réparations faites avec les deniers personnels du mari ou de la société d'acquêts.

En conséquence, les créanciers du mari ne peuvent, sur le prix du fonds dotal, faire saisir-arrêter que les sommes qu'ils justifient avoir été dépensées par le mari pour l'amélioration du fonds. — Bordeaux, 17 juin 1874 (S., 75, 2, 132; D., 75, 2, 118). Voy. cependant Rodière et Pont (III, n° 1683).

1549, *p. 34.* — Est licite la clause d'un contrat de mariage qui permet à la future épouse de recevoir, avec l'autorisation de son mari, tous ses capitaux dotaux, à la condition d'en faire emploi ; une telle clause ne confère à la femme qu'une simple faculté dont l'exercice est subordonné à l'autorisation du mari et dès lors ne porte aucune atteinte à la puissance maritale. — Cass., 13 nov. 1876 (S., 77, 1, 145).

1549, *p. 34.* — En cas d'expropriation pour cause d'utilité publique, lorsque l'immeuble exproprié est inscrit à la matrice cadastrale au nom seul de la femme, dont l'entière propriété n'a jamais été contestée, l'indemnité peut, à bon droit, lui être attribuée. — Cass., 12 mai 1890 (S., 92, 1, 151).

1549, *p. 34.* — Au sujet des revenus et des dépenses de la femme dotale vivant séparée de son mari,—voyez Cass., 8 janv. 1890 (S., 91, 3, 380) ; — V. aussi Cass., 24 nov. 1890 (S., 93, 1, 313).

1549, *p. 38.* — La femme qui se marie sous le régime dotal peut, par contrat de mariage, attribuer à son futur époux le pouvoir de traiter, transiger et compromettre sur ses biens immeubles présents et à venir qu'elle se constitue en dot, même pour les partager, vendre, échanger et céder, et, dans ce cas, d'en toucher le prix; — elle peut combiner le régime dotal qu'elle adopte avec la clause d'ameublissement autorisée par l'art. 1507, laquelle permet au mari d'aliéner, même en totalité, les immeubles propres à sa femme. — Cass., 14 fév. 1893 (S., 93, 1, 350).

1549, *p. 38.* — La loi *Quintus Mucius*, suivant laquelle les acquisitions faites par la femme mariée étaient, *jusqu'à preuve contraire*, réputées faites des deniers du mari, est applicable aux conventions matrimoniales intervenues avant la promulgation du Code civil en pays de droit écrit. — Mais cette preuve peut être faite par tous les moyens que la loi autorise et notamment par des présomptions qu'il appartient aux tribunaux d'apprécier. — Cass., 22 janv. 1877 (S., 77, 1, 148). — Les biens acquis ne deviennent pas pour cela la propriété du mari ; ils demeurent la propriété de la femme sous la condition de rembourser au mari le prix d'acquisition. — Rouen, 26 avril 1872, et Caen, 29 sept. 1872 (S., 73, 2, 133 et 134).

1550, *p. 39.* — Le père qui constitue à sa fille une dot en argent, avec stipulation d'emploi en biens ruraux ou en valeurs déterminées, et de retour en cas de survie du donateur, est fondé, avant de verser la somme promise, à s'assurer de son emploi dans des conditions offrant toutes les garanties désirables pour sa fille et pour lui-même.—Angers, 15 fév. 1877 (S., 77, 2, 324).

1551, *p. 41.* — Les choses dont on ne peut faire usage sans les consommer deviennent la propriété du mari, du jour où elles lui ont été apportées en dot, sauf son obligation d'en rendre de pareilles quantité, qualité et valeur ; le droit de la femme sur ces choses est dès lors converti en une créance.

Et la séparation de biens n'apporte aucuns changements aux droits respectifs des époux; de sorte que ces choses peuvent être valablement saisies par les créanciers du mari. — Cass., 22 mars 1882 (S., 82, 1, 241). — Conf. Aubry et Rau (V., § 537, p. 557); Dalloz (v° *Cont. de Mar.*, n° 3394); Laurent (XXIII, n° 488); Rodière et Pont (III, n°s 1666 et 1720). — V. aussi *supra* la note 1, § 2, page 54.

1553, *p. 44*. — L'immeuble acheté des deniers dotaux ne devient dotal que si la condition d'emploi résulte du contrat de mariage et si l'emploi résulte de l'acte d'acquisition lui-même. — Agen, 13 août 1891 (S., 93, 2, 97). Ajout. Cass., 27 fév. 1883 (S., 84, 1, 185); Guillouard (*Mariage*, IV, n° 1748). — V. aussi Nîmes, 11 janv. 1882 (S., 82, 2, 137); Cass., 1er déc. 1886 (S., 88, 1, 145); Aubry et Rau (V, § 534, texte et note 31); Rodière et Pont (*Cont. de Mar.*, III, 1700 et s.). — V. cependant Laurent (XXIII, n° 468) qui repousse la nécessité de la déclaration : « l'intérêt des tiers, dit-il, n'autorise pas le juge à prescrire des conditions que la loi n'établit point. D'ailleurs les tiers sont prévenus par le contrat de mariage que les immeubles acquis avec les deniers dotaux seront dotaux; à la rigueur, cela suffit pour sauvegarder leurs intérêts. »

1554, *p. 48*. — La femme dotale ne peut, pendant le mariage, ratifier un acte contenant vente ou cession de ses biens dotaux. — Limoges, 29 janv. 1879 (S., 79, 2, 232). V. aussi Aubry et Rau (V, § 537, p. 566); Rodière et Pont (III, n° 1882). Mais la femme peut disposer par testament de ses biens dotaux et ratifier ainsi les aliénations consenties pendant le mariage. — Aubry et Rau (V, § 537, note 37); Rodière et Pont (III, n° 1769, note 2).

1554, *p. 52*. — La question de savoir si la dot mobilière est inaliénable au même titre que la dot immobilière est très controversée.

V. *pour l'affirmative :* Cass., 6 déc. 1859 (S., 60, 1, 644); 12 mars 1866 (S., 66, 1, 159); 3 fév. 1879 (S., 79, 1, 353); 27 avril 1880 (S., 80, 1, 360); Delvincourt (III, p. 110); Grenier, *Hyp.* (I, p. 34); Pont, *Rev. crit.* (III, p. 655); Rodière et Pont (III, n°s 1772 et s.).

Pour la négative : Caen, 24 août 1822; Paris, 28 mars 1829; Lyon, 16 juill. 1840 (S., 41, 2, 241); Aubry et Rau (V, § 537 *bis*, note 6); Colmet de Santerre (VI, n°s 233 *bis* 5 et s.); Duranton (XV, n° 542); Mourlon (sur l'art. 1554); Laurent (XXIII, n°s 540 et s.); Toullier (XIV, n° 176); Troplong (*Cont. de mar.*, n° 3225, et *Hyp.*, IV, n° 923); quant à ce dernier, il ajoute (n° 3265) que la femme ne peut pas renoncer valablement à son hypothèque légale. — Au sujet de la renonciation par la femme à son hypothèque légale, voy. Emion et Herselin (*Comm. de la loi du 18 fév. 1889*).

1554, *p. 52*. — Le principe de l'inaliénabilité de la dot ne s'applique pas au cas de délits ou quasi-délits commis par la femme. — Cass., 4 juill. 1877 (S., 77, 1, 455); Orléans, 26 déc. 1878 (S., 79, 2, 97); Cass., 18 juin 1879 (S., 79, 1, 419); Cass., 16 fév. 1880 (S., 81, 1, 351); Lyon, 19 mai 1886 (S., 88, 2, 134); Cass., 29 mars 1893 (S., 93, 1, 288). — Mais une simple faute, alors même qu'elle tomberait sous l'application de l'art. 1382 C. civ., ne suffit pas pour engager la dot. — Pau, 2 juin 1880 (S., 82, 2, 249); — voy. aussi Nîmes, 11 janv. 1878 (S., 79, 2, 182); Rouen, 28 mars 1881 (S., 82, 2, 41); Limoges, 3 fév. 1883 (S., 85, 2, 154); Limoges, 5 déc. 1883 (S., 85, 2, 110); Riom, 16 mars et 2 juill. 1892 (S., 93, 2, 146); ni au cas d'une obligation quasi-contractuelle. — Cass., 3 mai 1893 (S., 93, 1, 365); Lyon, 19 mai 1886 (*loc. sup. cit*); Aubry et Rau (V, § 538, note 31); Guillouard (*Mariage*, IV, n° 1860); Rodière et Pont (III, n° 1823).

1554, *p. 54*. — Les engagements contractés par la femme dotale sont valables, mais ils ne peuvent s'exécuter sur la dot. — Cass., 29 juill. 1890

(S., 93, 1, 521); — ajout. Cass., 13 fév. 1884 (S., 86, 1, 125); — V. aussi Aix, 26 mai 1886 (S., 87, 2, 97).

1554, *p. 54*. — Le créancier d'une femme dotale divorcée peut poursuivre sur les biens dotaux de sa débitrice l'exécution des condamnations prononcées contre elle et qui ont une origine postérieure à la dissolution du mariage. — Cass., 16 juill. 1891 (S., 93, 1, 252).

De même l'inaliénabilité du fonds dotal ne peut être opposée alors que la créance pour laquelle la saisie a été opérée remonte à une date antérieure au mariage et par conséquent antérieure à la constitution de dot et que les deniers saisis-arrêtés sont le prix d'immeubles vendus depuis la dissolution du mariage. — Cass., 28 janv. 1891 (S., 93, 1, 294); Rodière et Pont (III, n° 1767).

1554, *p. 55, renvoi (1) in fine*. — Jugé que les pouvoirs de la femme séparée de biens sont plus restreints que ceux du mari et se renferment dans les limites d'un simple droit d'administration ; surtout lorsque les pouvoirs du mari ont été, par une stipulation spéciale du contrat de mariage, étendus au delà des limites tracées par la loi. — Cass., 4 juill. 1881 (S., 82, 1, 212); ajout. Cass., 3 fév. 1879 (S., 79, 1, 353); Cass., 27 avril 1880 (S., 80, 1, 360) Aubry et Rau (V, p. 539, note 14) qui avaient d'abord soutenu une opinion contraire. — *Contrà :* Rodière et Pont (III, n° 2196).

1554, *p. 66*. — Ajouter au renvoi (1), *1er alinéa :* Cass., 12 nov. 1879 (S., 80, 1, 65); Cass., 7 fév. 1881 (S., 82, 1, 22).

2e alinéa : Conf. Aubry et Rau (V, § 534, p. 533); Rodière et Pont (III, n° 1659); Troplong (IV, n° 3314).

1556, *p. 69*. — La donation d'un immeuble dotal faite par une femme à son mari, pendant le mariage, ne peut être attaquée par les héritiers de la femme, pas plus que ne pourrait l'être le legs du fonds dotal. — Aubry et Rau (V, § 537, note 15); Rodière et Pont (III, n° 1769). — *Contrà :* Colmet de Santerre (VI, n° 226 *bis*-5); Demolombe (XXIII, n° 464).

1556, *p. 69*. — La femme dotale ne peut disposer de ses biens dotaux en faveur d'un étranger par voie d'institution contractuelle, une telle institution constituant l'aliénation manifeste d'une des prérogatives les plus importantes de la propriété dotale, dont la destination est de pourvoir à l'entretien du ménage et à l'établissement des enfants. — Cass., 8 mai 1877 (S., 77, 1, 252); Rouen, 28 mars 1881 (S., 82, 2, 41); Demolombe (XXIII, n° 284); Rodière et Pont (III, n° 1769). — *Contrà :* Bordeaux, 8 mai 1871 (S., 71, 2, 241).

1556, *p. 69*. — Jugé que par frais d'établissement on peut entendre non seulement le prix d'une étude de notaire, mais encore les frais d'installation et les fonds suffisants pour faire des avances. — Et qu'en pareil cas le prêteur n'était pas tenu de surveiller l'emploi des fonds, cette surveillance étant, en fait, impossible. — Cass., 24 oct. 1892 (S., 92, 1, 574). — Ajout. Guillouard (*Mariage*, IV, n° 1995); Laurent (XXIII, n° 522).

1556, *p. 70*. — L'engagement solidaire avec son mari de servir une rente viagère pour l'établissement de l'enfant commun prouve manifestement que la femme dotale a entendu affecter au paiement de cette pension ses biens dotaux et non pas seulement les revenus de la dot. — Lyon, 28 avril 1875 (S., 75, 2, 322).

1557, *p. 87*. — Jugé que si, en principe, la faculté d'aliéner les biens dotaux n'emporte pas celle de les hypothéquer, les tribunaux peuvent décider que cette faculté résulte de l'ensemble des clauses du contrat de mariage. — Caen, 1er avril 1876 (S., 76, 2, 291).

Mais l'autorisation donnée par la justice en dehors des cas prévus par l'art. 1558 est nulle. — Des décisions semblables n'ont jamais l'autorité de la chose jugée, puisque ce sont des actes de juridiction volontaire plutôt que de véritables jugements. — Cass., 27 nov. 1883 (S., 84, 1, 161). — Ajout. Aubry et Rau (V, § 537, texte et note 134); Colmet de Santerre (VI, n° 230 *bis*); Laurent (XX, n° 5, et XXIII, n° 534).

Et le notaire qui a rédigé l'acte d'emprunt hypothécaire à la suite de cette autorisation peut être exempté de toute responsabilité. — Cass., 24 juill. 1890 (S., 92, 1, 251), bien qu'en principe il soit responsable des erreurs de droit. — Cass., 12 fév. 1883 (S., 83, 1, 171); Cass., 2 déc. 1885 (S. 86, 1, 97).

1557, *p. 90*. — La clause du contrat de mariage qui dispense l'acquéreur d'un bien dotal de vérifier l'utilité et la valeur du remploi exigé par le contrat de mariage le laisse soumis à l'obligation de s'assurer au moins de l'existence dudit remploi ; et on ne saurait tenir le remploi pour réalisé tant que le prix qui y est soumis n'a pas été versé entre les mains du vendeur de l'immeuble acquis pour remplacer l'immeuble dotal aliéné. — Cass., 29 janv. 1890 (S., 93, 1, 471). — Voy. cependant Bordeaux, 21 avril 1888 (S., 90, 2, 154).

1557, *p. 90*. — Lorsque le contrat de mariage porte que le mari ne pourra toucher les capitaux appartenant à sa femme qu'à la charge d'en effectuer le remploi et qu'il ajoute que les débiteurs des deniers dotaux ne seront pas assujettis à surveiller le remploi dont la charge incombera au mari seul, le remploi n'en est pas moins une condition nécessaire de la validité du paiement, au moins en ce qui concerne la femme. — Et le Conservateur des hypothèques est fondé à refuser la radiation de l'inscription existant au profit de la femme, nonobstant la main-levée donnée par le mari, s'il n'a pas justifié qu'il ait, conformément à son contrat de mariage, fait remploi de la somme dotale qu'il a touchée. — Bordeaux, 29 juin 1874 (S., 76, 2, 243).

1557, *p. 90*. — Lorsque, aux termes de leur contrat de mariage, les époux peuvent aliéner les immeubles dotaux mais ne peuvent en toucher le prix qu'autant que le mari possède des immeubles suffisants pour en répondre, c'est à la femme qu'appartient la reconnaissance de la suffisance des biens de son mari, et le jugement qui déclare les immeubles du mari suffisants ne peut être opposé à la femme si l'acquéreur a négligé de la mettre en cause en même temps que le mari; par suite, l'acquéreur qui n'était ni incapable, ni sous l'empire d'une erreur à l'époque du paiement, ne peut pas demander la nullité des paiements qu'il a effectués. — Cass., 28 janv. 1878 (S., 78, 1, 343).

1557, *page 90, renvoi 2*. — De même l'art. 29 de la loi du 16 septembre 1871 s'applique aux remplois opérés en vertu de contrats de mariage antérieurs à sa promulgation. — Rouen, 30 mai 1877 (S., 78, 2, 135).

Mais l'art. 46 de la loi de 1862, et, par suite, l'art. 29 de la loi de 1871 sont inapplicables lorsque le contrat impose, en outre du remploi en immeubles, une autre garantie telle que l'hypothèque ou la caution; dans ce cas, l'emploi ne peut être fait en rentes sur l'Etat. — Cass., 8 janv. 1877 (S., 79, 1, 104).

1558, *p. 74*. — Jugé que l'emprisonnement auquel se réfère l'art. 1558 est un emprisonnement pour dettes soit envers le Trésor soit envers les particuliers, mais qu'il ne peut s'agir de faire servir la dot à faire sortir de prison l'époux détenu préventivement ou à obtenir sa mise en liberté provisoire sous caution dans les cas où cette mesure est autorisée par le Code d'instruction criminelle. — Caen, 28 mars 1881 (S., 82, 2, 81).

1558, *p. 75.* — On ne peut exiger des créanciers de la femme un titre paré antérieur au mariage ; il suffit que la créance ait une date certaine antérieure au mariage. — Montpellier, 13 nov. 1878 (S., 79, 2, 65).

1558, *p. 75.* — La femme séparée de biens judiciairement doit supporter en entier les frais du ménage, s'il ne reste rien au mari ; dans ce cas, elle peut être condamnée à rembourser le montant des sommes fournies à son mari, sur billets ou traites, pour solder les travaux d'amélioration de ses immeubles dotaux. — Cass., 25 mai 1891 (S., 92, 1, 369). — V. aussi Bordeaux, 19 janv. 1888 (S., 88, 2, 132) ; Aubry et Rau (V, § 516, texte et notes 61 et 62) ; Guillouard (*Mariage*, III, nº 1227). — Voy. cependant Cass., 5 mai 1880 (S., 80, 1, 408).

Art. 1558, *p. 79.* — La femme dotale autorisée par justice à contracter un emprunt pour faire rétracter un jugement qui l'a déclarée en faillite a le droit de demander la nullité de l'acte d'obligation et la mainlevée de l'hypothèque si cette rétractation n'est pas prononcée. — Et si les fonds ont été détournés par le tiers qui en était dépositaire, la perte est à la charge du prêteur. — Nîmes, 11 juin 1878 (S., 79, 2, 182).

Art. 1558, *p. 81.* — La femme dotale ne peut pas exciper de l'incompétence du Tribunal qui lui a accordé l'autorisation d'emprunter alors que c'est grâce à ses déclarations mensongères que le tribunal a cru à sa compétence. — Cass., 20 juin 1877 (S., 80, 1, 19). — Voy. aussi Pau, 19 décembre 1871 (S., 71, 2, 253) ; Caen, 9 mai 1876 (S., 76, 2, 197) ; Aubry et Rau (V, § 537, p. 594) ; Colmet de Santerre (VI, nº 230 *bis*, 10) ; Laurent (XXIII, nº 534) ; Rodière et Pont (nº 1868). — V. aussi Cass., 19 janv. 1886 (S., 89, 1, 212) ; Lyon, 19 mai 1886 (S., 88, 2, 134) ; Cass., 19 juill. 1887 (S., 88, 1, 289).

Mais lorsqu'on ne peut imputer à la femme aucune manœuvre dolosive, les tiers qui ont acquis sur le vu d'une autorisation irrégulière ne peuvent obtenir contre elle une condamnation pouvant s'exécuter sur les biens dotaux. — Il est, en effet, de principe que les jugements autorisant d'aliéner ou d'hypothéquer l'immeuble dotal sont des actes de juridiction gracieuse qui ne peuvent acquérir l'autorité de la chose jugée, lorsqu'ils ont été rendus en dehors des cas prévus par l'art. 1558. — Cass., 27 nov. 1883 (S., 84, 1, 161) ; Cass., 25 janv. 1887 (S., 90, 1, 434) ; Agen, 29 mars 1892 (S., 93, 2, 81) ; Guillouard (*Mariage*, IV, nºs 2015 et 2016). V. aussi Caen, 28 mars 1881 (S., 82, 2, 81).

Art. 1559, *p. 83.* — Est purement mobilière la vente de futaies, aménagées ou non, faite en vue de l'exploitation, et par suite la clause du contrat de mariage qui subordonne la faculté d'aliéner les immeubles à l'obligation du remploi ne lui est point applicable. Cass., 29 juill. 1890 (S., 93, 1, 521). — V. auss. Dijon, 28 mars 1876 (S., 77, 2, 193) ; Cass., 25 janv. 1886 (S., 86, 1, 269) ; Aubry et Rau (II, § 164, pp. 5, 10 et 11) ; Demolombe (IX, nºs 97, 101, 102, 151, 153, 154, 156 et 160) ; Laurent (V, nºs 408, 420, 425 et 428).

1560, *p. 97.* — N'est pas sujette à révocation l'acquisition d'un immeuble faite par la femme à titre de remploi, avec des deniers dotaux, uniquement parce que ce remploi aurait eu lieu dans de mauvaises conditions. — Cass., 14 juin 1881 (S., 82, 1, 97) ; Nîmes, 11 janvier 1882 (S., 82, 2, 137).

1560, *p. 97, renvoi 2.* — La femme dotale qui reprend son immeuble comme ayant été indûment aliéné est tenue d'en rembourser le prix, s'il est prouvé que ce prix a tourné à son profit. — Pau, 27 juin 1867 (D., 68, 2. 237) ; Aubry et Rau (V, § 537, p. 571) ; Rodière et Pont (III, nº 1880).

1560, *p. 99*. — L'héritier de la femme qui intente une action révocatoire contre le tiers détenteur d'un immeuble dotal ne peut être déclaré non recevable sous le prétexte que cet héritier aurait consenti avec le tiers détenteur un compromis impliquant sa renonciation à l'action révocatoire et son option pour l'action en indemnité, alors que ce compromis est resté sans effet par suite du refus de l'un des arbitres nommés. — Cass., 18 déc. 1878 (S., 81, 1, 353).

1562, *p. 103*. — Jugé que sous le régime dotal le mari n'est pas tenu des intérêts des dettes qui grèvent la dot alors même que la femme s'est constitué en dot tous ses biens présents et à venir. — Grenoble, 12 mai 1882 (S., 82, 2, 246).

1562, *p. 103*. — Le mari, chef de la communauté d'acquêts dont faisait partie la jouissance d'une maison appartenant à la femme, et par lui donnée en bail à des tiers, n'est pas responsable à l'égard de sa femme ou de ses ayants cause de l'incendie qui a détruit ladite maison, lorsqu'on ne fait contre lui la preuve d'aucune négligence. — Cass., 24 février 1890 (S., 92, 1, 495).

1563, *p. 103*. — Après la séparation de biens, la portion des revenus de la dot excédant les besoins du ménage, ainsi que les objets acquis au moyen de cette portion des revenus, deviennent le gage des créanciers ayant valablement contracté avec la femme postérieurement à la séparation de biens. — Cass., 24 novembre 1890 (S., 93, 1, 313); ces revenus peuvent également être saisis-arrêtés au cours du mariage par les créanciers de la femme séparée. — Cass., 8 juillet 1891 (S., 93, 1, 313.)

1564, *p. 104*. — Le droit de répétition qu'exerce le mari contre la femme, à raison de la plus-value donnée aux immeubles dotaux par des dépenses utiles, et le droit de la femme au remboursement de ses reprises dotales pécuniaires forment les éléments corrélatifs et les chefs d'imputation d'un compte de liquidation à faire entre les époux et leurs ayants droit à la dissolution du mariage, compte d'où doit ressortir par balance ou la créance du mari en excédant de la plus-value sur les reprises pécuniaires, ou la créance de la femme en excédant des reprises, sur la plus-value. — Grenoble, 8 février 1879 (S., 80, 2, 69). — Ajout. Cass., 15 mai 1872 (S., 72, 1, 313); Bordeaux, 17 juin 1874 (S., 75, 2, 132).

1566, *p. 105*. — La femme dotale dont le trousseau a été estimé dans le contrat de mariage ne peut, alors même que le mari l'a instituée légataire de son propre mobilier, retirer le trousseau actuel comme légataire et en réclamer le prix entier d'estimation comme créancière de ses reprises; elle n'a que le droit de retirer ses linges et hardes en précomptant leur valeur sur le prix d'estimation; elle ne peut donc prétendre qu'au surplus de l'estimation. — Cass., 17 mars 1877 (S., 78, 1, 15).

1569, *p. 108*. — Jugé que la présomption de paiement de la dot de l'art. 1569 peut être invoquée par la femme qui s'est dotée *de suo*. — Caen, 3 mars 1875 (S., 75, 2, 201). — *Contrà* : Aubry et Rau (V, § 540, note 16); Colmet de Santerre (VI, n° 241 *bis*-4).

— Lorsqu'il est stipulé dans un contrat de mariage que l'acte civil de la célébration vaudra quittance et décharge absolue de la dot, cette stipulation est licite et fait preuve du paiement de la dot promise. — La déclaration de la femme que la dot n'a été versée que plus tard, loin de détruire la preuve du paiement de la dot, confirme au contraire ce paiement et établit qu'il a eu lieu en espèces. — Cass., 14 décembre 1875 (S., 77, 1, 31).

1570, *p. 108*. — La faculté conférée à la veuve par l'article 1570 de demeurer au domicile conjugal pendant l'an de deuil ne saurait lui permettre de répéter un loyer contre les héritiers du mari qu'autant qu'elle aurait été mise dans le cas d'en faire effectivement la dépense parce que ceux-ci n'auraient pas voulu lui fournir en nature le logement auquel elle avait droit. — Par suite, l'obligation des héritiers prend fin lorsque la veuve a continué d'habiter une maison lui appartenant où elle avait établi son domicile avant le décès de son mari. — Cass., 8 janvier 1890 (S., 92, 1, 380).

1574, *p. 112*. — Sont dotaux et non pas paraphernaux les immeubles acquis dans l'intervalle entre le contrat et la célébration, en échange d'immeubles déclarés par le contrat dotaux et aliénables à charge de remploi. — Cass., 18 décembre 1878 (S., 81, 1, 353).

1574, *p. 112*. — Lorsque le patrimoine de la femme se compose de meubles dotaux et de meubles paraphernaux, c'est à elle qu'incombe la preuve de la dotalité des meubles qu'elle se dit fondée à soustraire à une saisie. — Cass., 24 novembre 1890 (S., 93, 1, 313).

1575, *p. 112*. — On est d'accord pour reconnaître que la règle de l'article 1575 n'est pas absolue et que si le tiers des revenus paraphernaux, même avec ceux de la dot, sont insuffisants, la femme peut être tenue de contribuer aux charges du mariage pour une part plus forte, part que les tribunaux fixent *ex æquo et bono*. — Cass., 2 juillet 1851 (S., 51, 1, 509); Aubry et Rau (V, § 532, p. 520); Rodière et Pont (III, n° 1990); Troplong (IV, n° 3699). — V. aussi Cass., 8 janvier 1890 (S., 92, 1, 380).

1576, *p. 112*. — La reconnaissance par le mari de la mitoyenneté d'un mur faisant partie des biens paraphernaux de sa femme n'est pas opposable à la femme en l'absence de preuves établissant un mandat donné par elle à son mari, et alors qu'il n'est même pas constaté qu'elle ait eu connaissance de ses agissements. — Cass., 13 juin 1877 (S., 77, 1, 409).

1577, *p. 112*. — Mais si l'obligation de rendre compte des fruits n'a pas été formellement imposée au mari, il n'en sera pas tenu. — Aubry et Rau (V, § 541, p. 641); Duranton (XV, n° 582); Rodière et Pont (III, n° 1980).

1578, *p. 112*. — L'art. 1578 doit être appliqué alors même que la femme aurait des enfants d'un premier mariage. — Cass., 19 décembre 1842 (S., 43, 1, 165); Aubry et Rau (V, § 541, note 15); Rodière et Pont (III, n° 1981, note); Troplong (n° 3708).

1579, *p. 112*. — L'opposition dont parle l'art. 1579 peut-elle résulter de toute preuve écrite témoignant de la résistance de la femme? — *Pour l'affirmative:* Cass., 13 nov. 1861 (S., 62, 1, 741); Aubry et Rau (V, § 541, note 20); Colmet de Santerre (VI, n° 250 *bis* II). — Jugé au contraire que l'opposition de la femme doit être constatée par un acte extrajudiciaire. — Toulouse, 14 mai 1836 (S., 37, 2, 282); Maleville (sur l'art. 1579); Toullier (XIV, n° 364).

1580, *p. 112*. — Le mari qui a joui des biens paraphernaux de sa femme dans les conditions de mandat spécial de l'art. 1578 est réputé avoir fait de ses deniers les impenses aux paraphernaux et a le droit d'en être remboursé. — Mais il n'a pas droit aux intérêts de ses avances. — S'il est prouvé qu'une partie des revenus a été employée à l'amélioration des paraphernaux, les héritiers sont en droit d'exiger que le montant en soit déduit de la somme dont le mari réclame le remboursement. — Le mobilier acheté pour meubler les paraphernaux appartient à la femme et le prix dûment justifié doit figurer au nombre des impenses. — Aix, 28 mai 1874 (S., 75, 2, 42).

Au sujet de l'utilité des impenses et du droit du mari au remboursement,

— Voy. Cass., 6 août 1878 (S., 81, 1, 76). — Voy. cependant Cass., 14 mars 1877 (S., 78, 1, 5); Aubry et Rau (V, § 541, p. 642); Rodière et Pont (III, n° 1989).

Loi du 18 juin 1850, *p. 114.* — La loi du 18 juin 1850 a été abrogée par la loi du 20 juillet 1886, qui a organisé « LA CAISSE NATIONALE DES RETRAITES POUR LA VIEILLESSE ».

L'art. 13 de la loi 1886, qui remplace l'art. 4 de la loi 1850, est ainsi conçu :

« ... *Le versement opéré antérieurement au mariage reste propre à ce-* « *lui qui l'a fait.*

« *Les femmes mariées, quel que soit le régime de leur contrat de ma-* « *riage, sont admises à faire des versements sans l'assistance de leur* « *mari.*

« *Le versement fait pendant le mariage par l'un des deux conjoints* « *profite séparément à chacun d'eux par moitié.*

« *Peut néanmoins profiter à celui des conjonts qui l'effectue le verse-* « *ment opéré après que l'autre conjoint à atteint le maximum de rente* « *ou après que les versements faits dans l'année au profit exclusif de* « *celui-ci, soit antérieurement au mariage, soit par donation, ont atteint* « *le maximum des versements annuels.*

« *Le déposant marié qui justifiera soit de sa séparation de corps, soit* « *de sa séparation de biens contractuelle ou judiciaire, sera admis à ef-* « *fectuer des versements à son profit exclusif.*

« *En cas d'absence ou d'éloignement d'un des deux conjoints depuis* « *plus d'une année, le juge de paix peut accorder l'autorisation de faire* « *des versements au profit exclusif du déposant. — Sa décision peut être* « *frappée d'appel devant la chambre du conseil du tribunal de première* « *instance.* »

La loi du 20 juillet 1886 a abrogé notamment les lois des 12 juin 1861 et 4 mai 1864 qui avaient complété la loi de 1850; elle a ramené à 1200 fr. le maximum de la pension (art. 7) que les lois de 1861 et 1864 avaient porté à 1500 fr.

Les rentes viagères constituées par la Caisse nationale des retraites sont incessibles et insaisissables jusqu'à concurrence de 360 fr. (art. 8).

Le commentaire que Marcadé avait fait de la loi de 1850 peut s'appliquer à la loi nouvelle.

On remarquera cependant que le doute exprimé par Marcadé (p. 116) au sujet de la séparation de biens contractuelle n'a plus de raison d'être.

Le nouveau texte, en effet, met sur la même ligne la séparation judiciaire et la séparation contractuelle et autorise l'époux séparé à effectuer des versements à son profit exclusif. — V. au surplus, pour l'explication de la loi nouvelle, Bertheau (*Répert.*, II, n°s 11071 et suivants).

1582, *p. 148.* — Une donation qui prend le voile d'un contrat à titre onéreux peut être déclarée valable malgré l'inobservation des prescriptions des art. 931 et suiv., mais c'est à la condition qu'elle offre les caractères constitutifs du contrat dont elle emprunte le titre. — Spécialement, lorsque la rente viagère stipulée comme prix dans l'acte de prétendue vente est inférieure, soit à l'intérêt du capital fixé dans le même acte comme représentant la valeur de l'immeuble, soit aux revenus donnés par cet immeuble, le juge du fonds peut décider qu'il n'y a ni vente, faute de prix réel, ni donation déguisée sous la forme d'un contrat à titre onéreux parce que la libéralité pure apparaît au premier examen. — Cass., 26 avril 1893 (S., 93, 1, 413). — V. aussi Cass., 23 mai 1876 (S., 76, 1, 342) ; Cass., 28 janv. 1879 (S., 80, 1, 212) ; Bourges, 19 mai 1884 (S., 85, 2, 60).

1582, *p. 148.* — La vente sur échantillon doit être résiliée lorsque la marchandise livrée n'est pas conforme à l'échantillon. — Rouen, 26 juill.

1878 (S., 78, 2, 272). — Voy. aussi Rouen, 22 juill. 1872 (S., 73, 2, 262); Cass., 20 janvier 1873 (S., 73, 1, 456).

Et le vendeur est passible de dommages-intérêts envers l'acheteur pour réparation du préjudice causé par la non-conformité des marchandises livrées avec l'échantillon remis. — Caen, 29 avril 1873 (S., 73, 2, 303); Delamarre et Lepoitvin, (*Droit com.*, V, nos 134 et s.). — Voyez encore sur ces matières Cass., 10 janv. 1870 (S., 70, 1, 208); Cass., 28 avril 1873 (S., 73, 1, 317); Cass., 29 mars 1876 (S., 76, 1, 203).

1582, *p. 148*. — La vente d'un terrain et d'une maison en cours de construction que le vendeur s'engage à terminer d'après des plans et devis proposés par lui et agréés par l'acheteur ne constitue pas une simple obligation de faire, mais bien une obligation de livrer une chose moyennant un prix ; par suite, si la chose offerte n'est pas conforme aux stipulations du contrat, il y a lieu à la résolution de la convention, c'est-à-dire de la vente. — Cass., 22 juill. 1874 (S., 75, 1, 403).

1583, *p. 152*. — Lorsque l'acte sous seing privé qui constate la vente porte que les parties devront s'entendre lors de la passation de l'acte notarié sur les délais dans lesquels le paiement devra être effectué, la formation du contrat reste subordonnée à l'entente qui doit intervenir entre les parties et l'exécution de la vente ne peut être demandée tant que l'accord n'est pas complet. — Besançon, 20 août 1881 (D., 82, 2, 177).

1584, *p. 153*. — La vente de marchandises faite sous la réserve que les marchandises seront acceptées par un tiers peut, par interprétation des conventions et des circonstances, être considérée non comme une condition suspensive, mais comme une condition résolutoire qui laissait subsister les effets de la livraison jusqu'à ce qu'il fût justifié du refus du tiers de recevoir les marchandises. — Par suite, les risques de la marchandise sont à la charge de l'acheteur à dater de la livraison. — Cass., 28 juill. 1873 (S., 75, 1, 118).

1585, *p. 154*. — La convention par laquelle un propriétaire s'engage à livrer ses récoltes pendant plusieurs années, moyennant un prix à déterminer suivant les mercuriales et à raison du poids, ne constitue pas une vente ayant pu opérer, dès l'époque du contrat, la translation de la propriété des récoltes à venir ; elle contient seulement l'obligation pour le propriétaire de livrer lesdites récoltes à leurs échéances et l'acquéreur n'en devient successivement propriétaire qu'après le pesage opéré. — Par suite, l'avance d'une certaine somme au propriétaire ne peut être considérée comme le paiement anticipé du prix de vente de la récolte encore pendante. — Cass., 7 janv. 1880 (S., 82, 1, 463).

1585, *p. 154*. — Décidé que, lorsqu'il s'agit de marchandises vendues au poids, la commande adressée par écrit à un marchand en gros, par un marchand en détail ne résidant pas dans la même ville, implique nécessairement de la part de celui-ci un mandat conféré au vendeur de procéder par lui-même ou, selon le cas, par le voiturier dont le choix lui est laissé à l'opération du pesage destinée à individualiser la marchandise. — Que, dès lors, aussitôt que cette marchandise, ainsi pesée, est sortie des mains du vendeur et a été remise entre les mains du voiturier, la vente est devenue parfaite dans le sens de l'art. 1585. — Par suite c'est le tribunal du lieu de l'expédition qui est seul compétent pour connaître des contestations qui peuvent s'élever entre l'acheteur et le vendeur. — Cass., 24 déc. 1875 (S., 76, 1, 238); Rouen, 28 janv. 1878 (S., 78, 2, 54).

Les juges ont d'ailleurs un pouvoir souverain pour décider, d'après les aveux, la correspondance des parties et les circonstances de la cause, si réellement il a été procédé au pesage, comptage ou mesurage de la marchandise, et si, par conséquent, l'acheteur en est devenu propriétaire. — Cass., 1er juill. 1874 (S., 77, 1, 119).

1585, *p. 154*. — Mais la règle de l'art. 1585, que la vente est parfaite dès que les marchandises ont été pesées, comptées ou mesurées, n'est pas d'ordre public et les parties peuvent y déroger par des conventions particulières. — Cass., 8 mai 1879 (S., 80, 1, 334).

1585, *p. 155, suite du renvoi*. — Ne constitue pas une vente en bloc la vente d'une quantité déterminée de marchandises emmagasinées chez le vendeur et à un prix fixé par quintal. — Par suite l'acheteur peut demander la résolution de la vente lorsqu'il est survenu des avaries entre la vente et la livraison. — Cass., 26 avril 1870 (D., 71, 1, 11).

Il en est de même de la vente de coupes de bois déterminées dont le prix a été fixé à tant par corde : et ce alors même qu'il s'agirait de la totalité des bois possédés par le vendeur, dans un lieu déterminé. — Orléans, 11 août 1880 (D., 81, 2, 38).

1588, *p. 162*. — La vente d'un vêtement sur mesure constitue une vente à l'essai qui, suivant l'art. 1588, est toujours présumée faite sous condition suspensive ; et le mode de recouvrement du prix n'est pas de nature à modifier les conditions du contrat. — Paris, 28 mai 1877 (S., 79, 2, 86). — Au sujet de la résolution des ventes commerciales même après livraison et paiement du prix. — V. Cass., 29 mars 1876 (S., 76, 1, 203) ; Cass., 13 mars 1878 (S., 78, 1, 253) ; Cass., 4 juill. 1883 (S., 84, 1, 421) ; Cass., 9 fév. 1885 (S., 87, 1, 206) ; Toulouse, 5 juill. 1886 (S., 87, 2, 188) ; Cass., 1er mars 1892 (S., 92, 1, 200).

1589, *p. 177*. — La promesse de vente moyennant un prix à déterminer par experts est nulle lorsque les parties ne peuvent s'entendre pour désigner les experts, puisque la justice n'a pas, dans ce cas, qualité pour désigner des experts d'office. — Rennes, 26 janv. 1876 (S., 77, 2, 165). — V. aussi Bordeaux, 6 fév. 1878 (S., 78, 2, 287) ; Dijon, 15 déc. 1881 (S., 82, 2, 238) ; Aubry et Rau (IV, § 349, note 29) ; Laurent, XXIV (n° 76).

Est nulle également la promesse de céder un office moyennant un prix à fixer par la chancellerie. — Douai, 13 août 1873 (S., 74, 2, 68).

1589, *p. 178*. — L'inexécution d'un pacte de préférence ne confère pas un droit réel, mais impose une obligation de faire pouvant donner ouverture, contre le promettant, à l'action en dommages-intérêts. — Toulouse, 17 mai 1880 (S., 80, 2, 322).

La question de savoir si une promesse de vente a été faite sous condition et si cette condition s'est réalisée est une question de fait laissée à l'appréciation souveraine du juge du fonds. — Cass., 2 mai 1877 (S., 78, 1, 116). — V. aussi, au sujet des promesses de vente insérées dans les actes de société :

Cass., 26 mars 1889, 17 mars 1890 (S., 90, 1, 423) ; 10 déc. 1890 (S., 91, 1, 485) ; 30 déc. 1890 (S., 91, 1, 357) ; Trib. Seine, 23 janv. 1891 ; Trib. Lyon, 23 janv. 1891 ; Trib. Rouen, 27 janv. 1891 (S., 92, 2, 323).

1590, *p. 182*. — Jugé que l'art. 1590 est applicable à la promesse d'échange. — Lyon, 2 juill. 1875 (S., 76, 2, 240).

1591, *p. 182*. — Constitue un contrat innommé et non pas une vente la cession qu'un débiteur déclare faire à son créancier d'un matériel d'usine, alors qu'aucun prix n'est fixé dans l'acte. — Dijon, 7 avril 1875 (S., 75, 2, 282).

1592, *p. 185*. — Est nulle la vente dont le prix doit être fixé par des experts à désigner par les parties, lorsqu'elles ne peuvent pas se mettre d'accord pour faire cette désignation. — Bordeaux, 6 fév. 1878 (S., 78, 2, 287); Dijon, 15 déc. 1881 (S., 82, 2, 238); Aubry et Rau (IV, § 349, note 29); Laurent (XXIV, n° 76). — Mais si les bases de l'expertise ont été fixées par les parties et si les experts n'ont pas rempli la mission qui leur était confié, il appartient au tribunal de déterminer le prix en retenant et en consultant à titre de renseignements les rapports déposés par les experts. — Paris, 20 mars 1869, joint à Cass., 14 mars 1870 (S., 71, 1, 154). — Voy. aussi sur ce sujet Bastia, 1er fév. 1892 (S., 92, 2, 201); Aubry et Rau (IV, § 358, texte et note 4); Guillouard (*Vente*, I, n° 107, et II, n° 692).

1592, *p. 186*. — Jugé qu'une vente faite moyennant une rente inférieure au revenu ou à l'intérêt de la valeur vénale doit être annulée comme faite sans prix réel et sérieux. — Limoges, 5 mai 1880 (S., 81, 2, 148). — *Sic :* Aubry et Rau (IV, § 349, note 26); Colmet de Santerre (VII, n° 14 *bis* 3); Laurent (XXIV, nos 85 et s.).

Mais elle peut, dans certains cas, valoir comme donation déguisée. — Douai, 12 mars 1879, joint à Cass., 9 juill. 1879 (S., 81, 1, 205).

Et l'appréciation du juge du fait est, dans ce cas, souveraine. — Cass., 28 janv. 1879 (S., 80, 1, 212).

1593, *p. 191*. — Mais si, vis-à-vis du notaire, le vendeur doit être considéré comme la caution solidaire de l'acheteur, c'est à la condition que le notaire reste dans sa situation d'officier public et qu'il ne devienne point par ses agissements le gérant d'affaires de l'acquéreur en lui procurant des fonds sur lesquels il néglige de retenir tout d'abord les frais d'actes qui lui sont dus. — Aix, 29 fév. 1876 (S., 77, 2, 115).

1595, *p. 192*. — L'art. 1595 n'est pas applicable au cas où la femme voudrait porter une surenchère, en vertu de son hypothèque légale, sur le prix des immeubles vendus par son mari, mais elle ne peut le faire sans autorisation de son mari ou de justice. — Rouen, 7 mars 1892 (S., 93, 2, 78). — *Adde :* Aubry et Rau (III, § 294, texte et note 62); Colmet de Santerre (IX, n° 174 *bis*); Laurent (XXXI, n° 501); Pont (*Priv. et Hyp.*, II, n° 1344); Fuzier-Hermann (*C. civ. ann.*, art. 215, n° 20).

1595, *p. 193, suite du renvoi 4*. — Jugé dans le même sens que ci-dessus. — Besançon, 15 juin 1881 (S., 82, 2, 127).

Jugé au contraire qu'il n'est pas nécessaire que la créance de la femme soit exigible et qu'il suffit que la créance soit sincère et préexistante. — Dijon, 5 août 1874 (D., 77, 5, 459); Chambéry, 21 fév. 1876 (D., 77, 2, 47). — *Sic :* Laurent (XXIV, n° 38).

1595, *p. 195*. — La cession amiable à prix d'inventaire de meubles meublants et autres valeurs, consentie par un mari à sa femme pour la remplir de ses reprises après la séparation de biens, ne peut être critiquée par les créanciers du mari qu'autant qu'elle a été faite en fraude de leurs droits et que la femme s'est rendue complice de la fraude. — Cass., 22 déc. 1880 (S., 81, 1, 321). — V. aussi Rennes, 6 avril 1875 (S., 77, 2, 289). — Voy. cependant Cass., 19 déc. 1892 (S., 93, 1, 369).

Mais si la vente n'a eu pour but que de frauder les créanciers du mari, elle doit être annulée dans son entier. — Cass., 18 fév. 1878 (S., 78, 1, 165).

1596, *p. 200*. — Le maire, quoique membre de droit du conseil de fabrique, peut se rendre adjudicataire des biens aliénés par la fabrique de l'église de sa commune. — Sol. Min. cult., 3 août 1870 (S., 71, 2, 227). L'art. 1596 ne s'applique qu'aux membres du bureau des marguilliers. (Même solution.)

1596, *p. 201*. — L'action en nullité ouverte par l'article 1596 se prescrit par dix ans à partir du jour même de la passation de l'acte contre lequel elle est dirigée, quand le mandataire s'est directement et ouvertement rendu acquéreur des biens qu'il était chargé de vendre. S'il a eu recours à l'intermédiaire d'une personne interposée la prescription ne commence à courir que du jour où le mandant a découvert la simulation frauduleuse. — Cass., 20 nov. 1877 (S., 78, 1, 22). Mais le mandant est seul recevable à se prévaloir de la nullité et il peut par suite la couvrir par une ratification formelle ou tacite. — Alger, 11 déc. 1873, joint à Cass., 20 nov. 1877 (*loc. sup. cit.*).

1597, *p. 203*. — Mais on ne peut considérer comme un droit litigieux une créance certaine, liquide et non contestée en elle-même, lors même qu'il s'élèverait ensuite des difficultés. — Riom, 17 juin 1880 (D., 81, 2, 37); Aubry et Rau (IV, § 359 *quater*, p. 453).

1598, *p. 210*. — Les syndicats de faillite constituent des mandats de justice attachés à la personne même en raison de la confiance qu'elle inspire et ne peuvent être l'objet d'aucune transmission valable. — Besançon, 29 déc. 1876 (S., 78, 2, 65). — Cette décision est conforme aux vrais principes, mais nous devons ajouter qu'elle n'est pas suivie dans la pratique et que les syndicats de faillite sont généralement l'objet de cessions à prix d'argent.

1598, *p. 210*. — La cession d'agences d'assurances et de leur clientèle est valable entre les parties, mais ne peut être imposée à la Compagnie. — Besançon, 29 déc. 1876 (S., 78, 2, 65).

Et si la compagnie révoque le titulaire tout en nommant à sa place la personne qu'il lui avait désignée, le révoqué ne peut pas exiger le prix qui avait été convenu pour la présentation de son successeur. — Lyon, 12 juillet 1877 (S., 78, 2, 65).

1598, *p. 211*. — La loi du 6 messidor an III a été abrogée par la loi du 9 juill. 1889; aujourd'hui la vente des blés en vert est permise.

1598, *p. 211*. — En principe, le droit de sépulture dans les concessions privées constitue un droit purement personnel pour celui qui l'a obtenu et pour ceux qu'il désigne comme ses continuateurs. — Mais les titulaires peuvent, surtout lorsque cela est dans l'usage du pays, rétrocéder à des tiers tout ou partie des concessions non encore utilisées, alors surtout qu'aucune clause du contrat de cession n'interdit la rétrocession. — Lyon, 17 août 1880 (S., 82, 2, 100). — Voy. aussi Lyon, 4 fév. 1875 (S., 77, 2, 35).

1599, *p. 212*. — L'art. 1599, qui prononce la nullité de la vente de la chose d'autrui, est également applicable à l'échange; mais cette nullité n'est point absolue et peut être couverte par la ratification du véritable propriétaire. — Bordeaux, 23 fév. 1883 (S., 83, 2, 176). — Ajout. Cass., 30 déc. 1872 (S., 73, 1, 125); Cass., 18 nov. 1879 (S., 81, 1, 355); Dijon, 9 mars 1881 (S., 82, 2, 220); Laurent (XXIV, n° 619).

L'art. 1599 est applicable aux billets de faveur délivrés par les Directeurs de théâtre et qui portent la mention : « Ce billet ne peut être vendu. » — Trib. paix de Paris (X[e] arrondissement), 31 avril 1892 (S., 93, 2, 62).

1599, *p. 213*. — La vente d'un immeuble indivis faite par un seul des copropriétaires rend la vente nulle à l'égard des autres copropriétaires, mais cette nullité ne s'étend pas de plein droit à la transmission de la part indivise appartenant au vendeur. — Cass., 18 nov. 1879 (S., 81, 1, 355).

Et les copropriétaires du vendeur, pour faire valoir leurs droits indivis à l'encontre du tiers détenteur, n'ont pas à établir préalablement que sa valeur est supérieure aux droits du vendeur dans la succession indivise. — Cass., 23 avril 1879 (S., 81, 1, 355).

Mais la vente est valable pour la partie des biens appartenant au vendeur, alors surtout que l'acte de vente signale l'état d'indivision dans lequel se trouvent les immeubles. — Chambéry, 31 mai 1882 (S., 82, 2, 211).

1599, *p. 213*. — La vente de biens d'une succession faite par l'héritier apparent à des tiers qui ont traité avec lui de bonne foi et sous l'influence de l'erreur commune ne peut être assimilée à la vente de la chose d'autrui faite par un usurpateur sans titre et sans qualité. — Cass., 13 mai 1879 (S., 80, 1, 8). — V. aussi Orléans, 2 août 1876 (S., 77, 2, 88).

Il en est même de la vente consentie par l'exécuteur testamentaire en exécution d'un testament tenu d'abord pour valable et qui vient ensuite à être annulé. — Cass., 4 août 1875 (S., 76, 1, 8).

1599, *p. 214*. — La ville qui a négligé de s'éclairer suffisamment sur l'étendue de ses droits, et qui vend comme bien communal une chute d'eau dépendant du domaine public municipal, est passible de dommages-intérêts envers l'acheteur de bonne foi. — Cass., 11 fév. 1878 (S., 79, 1, 196).

1603, *p. 228*. — Lorsque la vente a été contractée sous une condition suspensive, le vendeur est tenu de livrer la chose dans l'état où elle se trouvait au moment où la vente a été convenue et le prix arrêté ; et l'acheteur a le droit de résoudre le contrat si la chose vendue s'est détériorée par la faute du vendeur; le juge du fond apprécie souverainement l'étendue et la portée des engagements souscrits par les parties. — Cass., 1er mars 1892 (S., 92, 1, 487); Aubry et Rau (IV, § 302); Demolombe (XXV, n° 444). — V. aussi Cass., 16 juin 1885 (S., 88, 1, 462); Cass., 5 fév. 1890 (S., 91, 1, 107).

1603, *p. 228*. — Le vendeur d'un terrain à bâtir n'est pas obligé de procurer à l'acquéreur l'écoulement sur le fonds voisin, dont il est resté propriétaire, des eaux pluviales et ménagères de la construction édifiée sur le terrain vendu. — Cass., 3 juin 1891 (S., 92, 1, 257.) — V. aussi la note de 'arrêtiste (*loc. cit.*), qui trouve cette solution regrettable.

1604, *p. 229*. — Jugé que, d'après les usages du commerce, lorsque la quantité n'a pas été intégralement garantie par le vendeur, le marché est réputé rempli par une livraison qui n'est pas inférieure aux quatre cinquièmes de la quantité exprimée dans la convention. — Douai, 30 avril 1877 (S., 77, 2, 240).

De même une légère différence en plus dans les quantités expédiées ni une augmentation dans le prix du transport n'autorisent pas l'acheteur à laisser les marchandises pour compte, alors même que l'envoi est fait contre remboursement. Il y a seulement lieu à un règlement ultérieur entre les parties. — Cass., 12 fév. 1877 (S., 77, 1, 306).

1604, *p. 232*. — Dans les ventes par filières sur le marché aux avoines de Paris, l'art. 7 du règlement du 3 mai 1878 qui autorise le réceptionnaire, lors de la livraison effective, à demander une expertise sur le poids naturel de la marchandise vendue ne peut pas être invoqué par le livreur pour contester le poids qu'il a déclaré lui-même. — C'est seulement lorsqu'il s'agit de l'*état sain* de la marchandise qu'il y a réciprocité de droits entre le réceptionnaire et le livreur (art. 8 du même règlement). — Cass., 2 fév. 1881 (S., 83, 1, 396).

1610, *p. 237*. — Tant que le vendeur n'a pas été régulièrement mis en demeure de livrer, il peut conjurer la résolution en exécutant le contrat. — Rouen, 23 décemb. 1880 et 25 mai 1881 (S., 82, 2, 217) ; Aubry et Rau (IV, § 354, p. 363) ; Dutruc (*Droit comm.*, v° *Vente*, nos 239 et s.). — *Contra :* Laurent (XXIV, n° 174) , A moins que le juge ne décide que d'après les circonstances de la cause cette mise en demeure résulte de l'expiration des délais accordés pour la livraison. — Rennes, 10 déc. 1875 (S., 76, 2, 268). — Voy. aussi Rennes, 2 juill. 1873 (S., 74, 2, 54).

Jugé qu'en matière commerciale les réclamations par correspondance constituent une mise en demeure suffisante. — Paris, 6 nov. 1874 (S., 77, 2, 255). — Voy. aussi Rouen, 25 mai 1881 (*loc. suprà*).

1613, *p. 237.* — La disposition de l'art. 1613 doit être interprétée limitativement et le débiteur ne peut se dispenser d'exécuter le marché qu'autant que l'acheteur, s'il est commerçant, est en état de faillite légale. — Cass., 11 nov. 1874 (S., 76, 1, 108).

1614, *p. 239.* — Les fruits appartiennent à l'acquéreur du jour de la demande en délivrance, alors même que la transmission de la propriété n'a eu lieu que plus tard, si cette transmission a été retardée par la faute du vendeur. — Cass., 4 juill. 1882 (S., 83, 1, 105).

1614, *p. 239.* — Le vendeur ne peut exiger de son acheteur l'exécution du contrat de vente, lorsque par son fait il s'est mis dans l'impossibilité de remplir son engagement de délivrer la chose vendue dans l'état où elle était au moment de la vente.— Cass., 4 janv. 1882 (S., 82, 1, 101). V. aussi Cass., 16 juin 1885 (S., 88, 1, 462); Cass., 5 fév. 1890 (S., 91, 1, 107); Cass., 1er mars 1892 (S., 92, 1, 487); Aubry et Rau (IV, § 302); Demolombe (XXV, n° 444).

1615, *p. 241.* — Consulter également, comme exemples, sur la question des accessoires : Angers, 8 mars 1871 (S., 72, 2, 39); Lyon, 12 juin 1873 (S., 74, 2, 246); Orléans, 27 juin 1877 (S., 79, 2, 47); Bordeaux, 21 juin 1880 (S., 80, 2, 260); Caen, 23 fév. 1881 (S., 81, 2, 133); Cass., 6 fév. 1889 (S., 92, 1, 509); Rouen, 16 avril 1890, Orléans, 3 mai 1890, Bourges, 18, nov. 1890; Orléans, 13 fév. 1891 (S., 92, 2, 241); Cass., 3 juin 1891 (S., 92, 1, 257); *Encycl. du not.* (v° *Office*, nos 399 et s.); Marc Deffaux et Harel (*Encycl. des Huiss.*, v° *Office*, n° 137); Ruben de Couder (*Dict. de dr. comm.*, v°. *Enseigne*, n° 16, et v° *Fonds de comm.*, n° 27).

1616, *p. 241.* — Le créancier poursuivant sur saisie immobilière la vente des biens de son débiteur affectés en gage à sa créance ne peut être assimilé à un vendeur ordinaire. — En conséquence, il n'est pas tenu à la garantie stipulée par l'art. 1626 C. civ. — Cass., 31 janv. 1893 (S., 93, 1, 176). *Ajout.* Cass., 7 avril 1879 (S., 80, 1, 103); Alger, 2 janv. 1883 (S., 84, 2, 17). V. aussi Cour d'appel de Rome, 22 mars 1884 (S., 86, 4, 14).

1625, *p. 660, suite du renvoi.* — Voir également, au sujet de la création de nouveaux fonds de commerce après vente ou faillite : Cass., 21 juill. 1873 (S., 74, 1, 197); Cass., 11 nov. 1873 (S., 74, 1, 352); Paris, 15 avril 1875 (S., 76, 2, 201); Amiens, 30 avril 1875 (S., 75, 2, 213); Rennes, 24 août 1875 (S., 76, 2, 286); Riom, 20 mars 1876 (S., 77, 2, 50); Alger, 24 avril 1878 (S., 78, 2, 243); Dijon, 27 nov. 1878 (S., 78, 2, 318); Cass., 10 juin 1879 (S., 79, 1, 351); Lyon, 17 fév. 1882 (S., 82, 2, 213); Paris, 13 nov. 1883 (S., 84, 2, 40); Lyon, 6 avril 1892 (S., 93, 2, 219).

1625, *p. 260.* — L'acheteur d'un titre au porteur volé peut, sur la revendication du légitime propriétaire, actionner son vendeur en restitution du prix, alors surtout qu'aucune exception valable n'est exposée à la revendication. — Cass., 8 déc. 1873 (S., 74, 1, 104). V. aussi Gand, 30 juill. 1874 (S., 76, 2, 248); Cass., 5 avril 1881 (S., 83, 1, 367).

1625, *p. 260.* — Jugé que le retrait successoral n'est ni une revente ni une rétrocession, mais simplement le droit de prendre le marché d'un autre et de se substituer, en son lieu et place, dans la succession cédée; d'où il suit que celui qui exerce le retrait est censé avoir traité directement avec le cédant des droits successifs retrayés et doit être, par conséquent, mis, à son égard, dans l'état où avait été le cessionnaire, au moment de son acquisition ; et que s'il profite des avantages éventuels qui ont pu se réaliser dans l'intervalle, il doit, par contre, rendre au retrayé tout ce que lui a coûté la cession, et reprendre la chose dans l'état où elle était lors de l'acte avec toutes les charges et toutes les causes d'éviction qui y étaient attachées et qui n'émanent pas du retrayé. — Cass., 27 janv. 1892 (S., 93, 1, 17 et la note).

1626, *p. 262*. — Est tenu de garantir l'acquéreur, en l'absence de toute stipulation contraire, le vendeur d'une maison dans laquelle existait une baie servant à éclairer tout un côté de la maison, lorsque la suppression de cette baie est ordonnée sur la demande du propriétaire voisin, alors surtout que les juges du fond reconnaissent que, d'après la commune intention des parties, la chose vendue était une maison en possession légitime et définitive d'un droit de vue sur la propriété voisine et que cette croyance avait déterminé la fixation du prix. — Cass., 6 fév. 1889 (S., 92, 1, 360).

1626, *p. 266, suite du renvoi*. — Voyez dans le sens de la doctrine de Marcadé : Lyon, 6 mars 1878 (S., 78, 2, 201). — Voy. aussi Cass., 26 janv. 1875 (S., 75, 1, 121) ; Carré et Chauveau (*Quest.* 2436).

1626, *p. 270*. — L'acheteur d'un fonds de commerce condamné pour avoir fait usage d'un appareil contrefait qui se trouvait compris dans la vente n'a pas d'action en garantie contre le vendeur ; il ne peut même pas obtenir une réduction de prix sur la vente du fonds. — Cass., 22 déc. 1880 (S., 81, 1, 216). — *Ajout.* Cass., 5 mars 1872 (S., 72, 1, 134) ; Cass., 1er juin 1874 (S., 74, 1, 460).

1626, *p. 271*. — La défense de faire, sans autorisation préalable, des fouilles ou sondages dans le périmètre de protection d'une source d'eau minérale déclarée d'intérêt public constitue une servitude légale d'utilité publique et ne peut jamais donner naissance à une action en garantie de la part des riverains contre le propriétaire de la source, alors même qu'il aurait sollicité la création du périmètre de protection. — Cass., 8 mars 1876 (S., 76, 1, 339) ; Cass., 30 janv. 1878 (S., 78, 1, 161) ; Aubry et Rau (II, § 193, p. 190) ; Ducrocq (*Droit Adm.*, II, n° 866) ; Jousselin (*Servit. d'ut. publ.*, I, nos 463 et s.).

1626, *p. 273*. — Jugé dans le sens de la doctrine de Marcadé que l'art. 1619 n'est pas applicable à l'éviction et que quelque minime qu'elle soit l'acheteur a toujours l'action en garantie. — Cass., 10 mars 1880 (S., 81, 1, 301). — *Conf.* Laurent (XXIV, n° 217).

1636, *p. 290*. — La nullité d'un jugement d'adjudication sur saisie immobilière n'a pas pour conséquence de mettre à néant tous les actes antérieurement faits pour arriver à la vente. — Par suite, la vente consentie par le saisi après le jugement qui a prononcé la résolution de l'adjudication est nulle puisque l'immeuble reste frappé de saisie. — Toulouse, 1er déc. 1891 (S., 93, 2, 6). V. aussi Cass., 24 mars 1880 (S., 83, 1, 461).

1639, *p. 292*. — La reconnaissance par le vendeur, au cours d'une action en garantie intentée par l'acquéreur, du droit de celui-ci, établit entre eux un contrat judiciaire aux termes duquel le vendeur s'engage à satisfaire à la demande dans le cas où elle ne serait pas admise contre le défendeur principal. — Cass., 23 août 1881 (S., 82, 1, 344).

Et cela alors même que, la demande principale ayant été admise, le tribunal n'a pas eu à statuer sur la demande en garantie. — L'engagement du garant ne saurait, en effet, être invalidé par un jugement dans lequel le droit garanti est reconnu. — Et le juge d'appel ne peut pas, sous prétexte que l'appel a tout remis en question, repousser la demande en garantie si le garant n'a pas rétracté son engagement (même arrêt).

1641, *p. 293*. — Au sujet des questions de garantie auxquelles peut donner naissance la cession d'un office, — V. Cass., 11 juin 1890; Cass., 7 janvier 1891 (S., 92, 1, 449) et la note. — Voy. aussi Rouen, 16 avril 1890; Orléans, 3 mai 1890; Bourges, 18 nov. 1890; Orléans, 13 fév. 1891 (S., 92, 2, 241); Cass., 7 janvier 1891 (S., 92, 1, 449); Orléans, 21 juillet 1893 (S., 93, 2, 237).

Art. 1641 à 1649, *pp. 292 à 297*. — Les art. 1641 à 1649 ont été modifiés par la loi du 2 août 1884 en ce qui concerne les vices rédhibitoires dans les ventes et échanges d'animaux domestiques.

La loi du 2 août 1884, — *promulguée au Journal officiel du 6* — est ainsi conçue :

Article premier.— *L'action en garantie dans les ventes ou échanges d'animaux domestiques sera régie, à défaut de conventions contraires, par les dispositions suivantes, sans préjudice des dommages et intérêts qui peuvent être dus s'il y a dol* (1).

Art. 2. — *Sont réputés vices rédhibitoires et donneront seuls ouverture aux actions résultant des articles 1641 et suiv. du Code civil, sans distinction des localités où les ventes et échanges auront lieu, les maladies ou défaut ci-après, savoir :*

Pour le cheval, l'âne ou le mulet : — *la morve, le farcin, l'immobilité, l'emphysème pulmonaire, le cornage chronique, le tic proprement dit, avec ou sans usure des dents, les boiteries anciennes intermittentes; la fluxion périodique des yeux* (2).

Pour l'espèce ovine : — *la clavelée; cette maladie reconnue chez un seul*

(1) Jugé que la loi du 2 août 1884 s'applique aux animaux destinés à la boucherie, ce qui exclut l'application du droit commun pour toutes ces ventes. —Loudun, 5 déc. 1887 (S., 88, 2, 46). V. aussi Loi du 21 juillet 1881 *sur la police sanitaire des animaux*.(Lois usuelles, Rivière, à sa date).

Cependant, quelques tribunaux estiment que pour l'espèce bovine dont la loi du 2 août 1884 ne parle pas on se retrouve sous l'empire du droit commun et que l'action rédhibitoire doit être admise en vertu de l'art. 1641 du Code civil.—Trib. comm. Seine., 19 juill. 1887 (D., 88, 5, 277); Trib. comm. Nogent-le-Rotrou, 9 mai 1890 (S., 91, 2, 241).

Les dispositions de la loi du 2 août 1884 sont limitatives et l'action en garantie ne peut être intentée hors des cas qu'elle prévoit, à moins que la garantie ne résulte d'une convention particulière. — Et cette convention peut résulter de l'ensemble des faits constatés par les juges du fond. — Cass., 10 nov. 1885 (S., 86, 1, 53). — Voyez encore au sujet de la garantie Cass., 23 mars 1887 (S., 87, 1, 160); Orléans, 2 janv. 1888 (S., 91, 2, 231); Cass., 20 déc. 1887 (S., 90, 1, 263); Verdun, 15 janv. 1891 (S., 91, 2, 241); Cass., 21 juill. 1891 et 20 juill. 92 (S., 92, 1, 393); Guillouard (*Vente*, II, nos 492 et s.). — V. cependant Villeneuve-sur-Lot, 25 juill. 1892 (S., 92, 2, 31); Nérac, 13 août 1892 (S., 93, 2, 109).

(2) La loi de 1838 contenait en outre pour *l'espèce chevaline* l'épilepsie, les maladies anciennes de poitrine ou vieilles courbatures, les hernies inguinales intermittentes, la pousse. — Elle ne parlait pas du tic que la loi nouvelle admet comme vice rédhibitoire qu'il y ait ou non usure des dents; de plus la loi de 1884 n'exige pas, comme la loi de 1838, que la boiterie intermittente provienne d'un mal vieux.

L'hydartrose constituant un vice apparent, la vente d'un cheval atteint de cette affection ne peut être annulée que si elle est entachée de dol. — Trib. Seine, 8 mars 1894. (*La Loi*, 22 avril 1894.)

De même le Trib. de la Seine a décidé qu'à moins de manœuvres dolosives de la part du vendeur pour dissimuler le vice, l'habitude de ruer ne constitue pas un vice rédhibitoire.—28 fév. 1888 (D., 88, 5, 272). — V. aussi pour le tic avec usure des dents Cass., 11 nov. 1890 (S., 93, 1, 37).

La loi nouvelle supprime toute cause d'action rédhibitoire pour l'espèce bovine.

animal entraînera la rédhibition de tout le troupeau s'il porte la marque du vendeur (1).

Pour l'espèce porcine : — *la ladrerie* (2).

Art. 3. — *L'action en réduction de prix autorisée par l'art. 1644 du Code civil ne pourra être exercée dans les ventes et échanges d'animaux énoncés en l'article précédent lorsque le vendeur offrira de reprendre l'animal vendu, en restituant le prix et en remboursant à l'acquéreur les frais occasionnés par la vente.*

Art. 4. — *Aucune action en garantie, même en réduction de prix, ne sera admise pour les ventes ou pour les échanges d'animaux domestiques, si le prix, en cas de vente, ou la valeur, en cas d'échange, ne dépasse pas 100 fr.*

Art. 5. — *Le délai pour intenter l'action rédhibitoire sera de neuf jours francs, non compris le jour fixé pour la livraison, excepté pour la fluxion périodique, pour laquelle ce délai sera de trente jours francs, non compris le jour fixé pour la livraison* (3).

Art. 6. — *Si la livraison de l'animal a été effectuée hors du lieu du domicile du vendeur, ou si, après la livraison, et dans le délai ci-dessus, l'animal a été conduit hors du lieu du domicile du vendeur, le délai pour intenter l'action sera augmenté à raison de la distance, suivant les règles de la procédure civile* (4).

(1) La loi de 1884 ne parle pas du sang de rate que la loi de 1838 donnait comme une cause d'action rédhibitoire.

(2) L'espèce porcine ne figurait pas dans la loi de 1838.

Remarquons que la loi de 1884 doit, comme la loi de 1838, être considérée comme limitative et ce non seulement pour les vices qu'elle énumère et qui, dit l'art. 2. donneront *seuls* ouverture à l'action rédhibitoire, mais encore quant aux espèces d'animaux.

Ainsi, la loi ne parlant pas de l'espèce bovine, la vente de ces animaux ne peut donner lieu à l'action rédhibitoire pour vices cachés. — Orléans, 2 janv. 1889; Die, 6 déc. 1889; *Trib. comm.* Verdun, 15 janv. 1891 (S., 91, 2, 241). — De même la ladrerie est le seul vice rédhibitoire de l'espèce porcine. V. cependant Loudun, 5 déc. 1887 (S., 88, 2, 46); Villeneuve-sur-Lot, 25 juill. 1892 (S., 93, 2, 31); Nérac, 13 août 1892 (S., 93, 2, 109).

Dans sa séance du 24 avril 1894, le Sénat, sur la proposition de M. Darbot, sénateur de la Haute-Marne, a adopté un projet de loi tendant à modifier l'art. 2 de la loi du 2 août 1884.

Le nouvel article serait ainsi conçu :

« *Sont réputés vices rédhibitoires et donneront seuls ouverture aux actions résultant des articles 1641 et suivants du Code civil, sans distinction des localités où les ventes et échanges auront lieu, les maladies ou défauts ci-après, savoir :*

« *Pour le cheval, l'âne et le mulet :*

« *L'immobilité, l'emphysème pulmonaire, le cornage chronique, le tic proprement dit, avec ou sans usure des dents, les boiteries intermittentes, la fluxion périodique des yeux.*

« *Pour l'espèce porcine : la ladrerie.* »

(3) Ces délais sont francs. — Voy. à ce sujet la note 3, p. 295. — L'action rédhibitoire étant dispensée du préliminaire de conciliation, il ne suffirait donc pas que l'acheteur eût cité le vendeur en conciliation dans les délais fixés. — Cass., 3 mai 1882 (S., 84, 1, 28). — Il est indispensable que l'action elle-même ait été intentée dans les délais et il ne suffirait pas non plus que l'acheteur eût provoqué, avant l'expiration du délai, la nomination des experts pour constater le vice. — Trib. Villefranche, 2 avril 1887 (D., 88, 5, 271); Pelletier (*Vices réd.*, n° 94); Guillouard (*Vente*, II, n° 256).

Les délais de l'art. 5 sont applicables lors même que le vice allégué est l'une des maladies contagieuses prévues par la loi du 21 juill. 1881, si le vendeur s'appuie sur la loi de 1884 pour demander la résolution de la vente ou la restitution du prix. — Trib. Seine, 21 nov. 1888 (D., 88, 5, 276). Voy. aussi les observ. S., 91, 2, 242.

(4) L'augmentation du délai se calcule sur la distance qui existe, au moment où l'action est intentée, entre le domicile du vendeur et le lieu où l'animal se trouve (art. 4 de la loi du 20 mai 1838).

Art. 7. — *Quel que soit le délai pour intenter l'action, l'acheteur, à peine d'être non recevable, devra provoquer, dans les délais de l'art. 5, la nomination d'experts chargés de dresser procès-verbal; la requête sera présentée, verbalement ou par écrit, au juge de paix du lieu où se trouve l'animal; ce juge constatera dans son ordonnance la date de la requête et nommera immédiatement un ou trois experts qui devront opérer dans le plus bref délai.*

Ces experts vérifieront l'état de l'animal, recueilleront tous les renseignements utiles, donneront leur avis, et, à la fin de leur procès-verbal, affirmeront, par serment, la sincérité de leurs opérations (1).

Art. 8. — *Le vendeur sera appelé à l'expertise, à moins qu'il n'en soit autrement ordonné par le juge de paix, à raison de l'urgence et de l'éloignement.*

La citation à l'expertise devra être donnée au vendeur dans les délais déterminés par les art. 5 et 6; elle énoncera qu'il sera procédé même en son absence (2).

Si le vendeur a été appelé à l'expertise, la demande pourra être signifiée dans les trois jours à compter de la clôture du procès-verbal, dont copie sera signifiée en tête de l'exploit (3).

Si le vendeur n'a pas été appelé à l'expertise, la demande devra être faite dans les délais fixés par les articles 5 et 6 (4).

Art. 9. — *La demande est portée devant les tribunaux compétents, suivant les règles ordinaires du droit.*

Elle est dispensée du préliminaire de conciliation, et, devant les tribunaux civils, elle est instruite et jugée comme matière sommaire (5).

Art. 10. — *Si l'animal vient à périr, le vendeur ne sera pas tenu de la garantie, à moins que l'acheteur n'ait intenté une action régulière dans le délai légal, et ne prouve que la perte de l'animal provient de l'une des maladies spécifiées dans l'art. 2* (6).

Au sujet du recours en garantie dans le cas de plusieurs ventes successives du même animal, voy. Caen, 1er juill. 1889 (S., 90, 2, 137); Guillouard (*Vente*, II, n° 515).

(1) Le procès-verbal doit être déposé au greffe de la justice de paix. — Dejean (*Expertises*, n° 352); Le Pelletier (n° 147). — D'après le *Moniteur des juges de paix* (1890, p. 497) il doit être remis à la partie qui a requis l'expertise.

Mais il doit mentionner, à peine de nullité, que l'expert a terminé sa mission en en affirmant par serment la sincérité de ses opérations. — Semur, 2 juin 1887 (*la Loi*, 12 juill. 1887).

La requête à fin de nomination d'experts doit, sous peine de non-recevabilité, être formée dans les délais de l'art. 5; mais la sommation à comparaître à l'expertise peut être signifiée après l'expiration des délais. — Mortain, 30 janv. 1885 (S., 85, 2, 166); Caen, 6 juin 1885 (S., 86, 2, 32); Guillouard (*Vente*, II, n° 512).

Mais la nullité résultant du défaut de nomination d'experts n'est pas d'ordre public et ne peut, par suite, être invoquée pour la première fois devant la Cour de cassation. — Cass., 3 nov. 1886 (S., 90, 1, 403).

(2) Jugé que les opérations sont nulles lorsqu'il a été procédé hors la présence du vendeur, si la sommation d'y assister ne lui a pas été adressée en temps utile à raison de l'éloignement. — Valence, 19 nov. 1884; Domfront, 14 déc. 1887.

(3) Le délai de trois jours dont parle notre article n'est pas franc, mais il doit être augmenté à raison des distances et la date de la clôture du procès-verbal sert de point de départ à ce délai. — Nancy, 21 janv. 1890 (D., 90, 2, 214); Le Pelletier (nos 195 et s.). — Jugé que l'obligation de donner copie du procès-verbal de l'expert en tête de l'exploit n'est pas prescrite à peine de nullité. — Nancy, 21 janv. 1890 (D., 90, 2, 214).

(4) Le vendeur est réputé avoir été appelé à l'expertise lorsque son mandataire en a suivi les opérations et a pu en contrôler les résultats. Il importe peu alors que l'ordonnance d'expertise ne lui ait pas été signifiée par acte d'huissier. — Nancy, 21 janv. 1890 (*loc. cit.*).

(5) Voy. Cass., 3 mai 1882 (S., 84, 1, 28); Le Pelletier (n° 232).

(6) Sous l'empire de la loi de 1838 le vendeur n'était responsable de la perte de l'animal qu'autant qu'elle s'était produite dans le délai de garantie. — Aujourd'hui, et sous les conditions de notre article 10, le vendeur est responsable, quelle que soit l'époque de la mort de l'animal.

Art. 11. — *Le vendeur sera dispensé de la garantie résultant de la morve ou du farcin pour le cheval, l'âne et le mulet, et de la clavelée pour l'espèce ovine, s'il prouve que l'animal, depuis la livraison, a été mis en contact avec des animaux atteints de ces maladies* (1).

Art. 12. — *Sont abrogés tous règlements imposant une garantie exceptionnelle aux vendeurs d'animaux destinés à la boucherie* (2).

Sont également abrogées la loi du 20 mai 1838 et toutes les dispositions contraires à la présente loi (3).

1652, *p. 298*. — Dans les ventes de farines l'acheteur a, d'après l'usage, et sauf convention contraire, un délai de trente jours pour le paiement. — C'est donc à tort que le vendeur prétendrait subordonner la livraison au paiement du prix et la résiliation du marché pourrait, dans ce cas, être valablement prononcée. — Cass., 22 février 1875 (S., 76, 1, 72).

De même, d'après l'usage, à Paris, l'acquéreur d'un fonds de commerce ne doit payer son prix qu'après un délai de dix jours à partir de la publication de la vente sans s'exposer à payer deux fois. — Trib. Seine, 8 août 1869 (S., 70, 2, 333). — Voy. cependant. Trib. Seine, 29 mai 1878 (*Rev. not.*, 1878, p. 695); voy. aussi Paris, 18 février 1882 (S., 83, 2, 91.)

1653, *p. 299*. — L'existence d'une inscription hypothécaire sur les biens vendus constitue par elle-même une menace pour l'acquéreur et lui donne juste sujet de craindre une action hypothécaire; il a, par suite, le droit de subordonner le paiement par lui dû à la condition que le vendeur lui rapporte le certificat de radiation de cette inscription dont il n'a pas à discuter le mérite avec le créancier inscrit pas plus qu'à assumer le péril du litige auquel elle peut donner lieu. — Cass., 21 juin 1881 (S., 82, 1, 118). — Voy. aussi Cass., 21 juin 1870 (S., 70, 1, 348); Cass., 11 mars 1874 (S., 74, 1, 337); Besançon, 14 juillet 1875 (S., 77, 2, 204). — Laurent (XXVI, n° 324) estime que si l'acquéreur avait connaissance de l'inscription lors de la vente et qu'elle ne l'ait pas empêché d'acheter, elle ne doit pas l'empêcher de payer.

Mais l'acquéreur qui a payé son prix ne peut, sous prétexte de trouble, en demander la restitution. — Dijon, 15 février 1878 (S., 79, 2, 4); Aubry et Rau (IV, § 356, texte et note 18); Laurent (XXIV, n° 331).

1653, *p. 299*. — En matière de retrait successoral, le retrayant condamné par un arrêt définitif à rembourser au retrayé une somme fixe comme prix de la cession ne saurait légalement ni demander ni obtenir la suspension du paiement, sous le prétexte qu'une action en pétition d'hérédité, introduite par un tiers inconnu au moment de la cession, menacerait le retrayant d'éviction, et que le retrayé doit garantir l'hérédité reprise. — Cass., 27 janvier 1892 (S., 93, 1, 17).

1653, *p. 299*. — Les intérêts du prix de la vente d'un immeuble ne peuvent être dus en l'absence de la jouissance dont ils sont l'équivalent. — Cass., 23 mai 1892 (S., 93, 1, 76).

1653, *p. 299*. — Le cessionnaire d'un office a le droit de répéter ce qu'il a payé au delà de la valeur réelle de l'office, lorsque l'état des produits, au vu desquels la chancellerie en a fixé le prix et admis la cession, ont été majorés. — Orléans, 21 juillet 1893 (S., 93, 2, 237).

(1) Cet article n'est que la reproduction textuelle de l'art. 8 de la loi du 20 mai 1838 (Voy. *suprà*, p. 296.)

(2) Sur la question de la garantie due par le vendeur lorsqu'il s'agit d'animaux destinés à la boucherie, Voyez Cass., 10 nov. 1885 (S., 86, 1, 53); Cass., 23 mars 1887 (S., 87, 1, 160). — Voyez aussi Loudun, 5 déc. 1887 (S., 88, 2, 46); Orléans, 2 janv. 1889 (S., 91, 2, 241); Verdun, 15 janv. 1891 (S., 92, 2, 241).

(3) Cet article abroge les règlements et ordonnances qui accordaient un privilège spécial aux bouchers de Paris.

1657, *in fine*, *p. 309*. — Voyez dans le sens de la doctrine de Marcadé Cass., 17 décembre 1879 (D., 80, 1, 133); Aubry et Rau (IV, § 356, note 3); Laurent (XXIV, n° 316).

Jugé qu'au cas d'une vente de grains ou farines le défaut de stipulation d'un délai pour prendre livraison constitue pour l'acheteur l'obligation d'une prise de livraison immédiate. — Paris, 5 février 1874 (S., 77, 2, 254); Aubry et Rau (IV, § 356, note 3); Domolombe (XXV, n° 544).

Quant à la vente de marchandises livrables contre remboursement, elle est résolue de plein droit si l'acheteur ne les retire pas faute de fonds. — Dijon, 11 février 1870 (D., 72, 2, 193); Laurent (XXIV, n° 315).

1659, *p. 314*. — La clause de réméré peut être insérée dans une vente d'objets mobiliers comme dans une vente immobilière. — Aubry et Rau (IV, § 357, p. 441); Championnière et Rigaud (III, n° 2080); Duranton (XVI, n° 391); Laurent (XXIV, n° 383). — Mais les effets de la résolution sont restreints aux parties contractantes et ne s'étendent pas aux tiers de bonne foi. Aubry et Rau (*loc. cit.*); Laurent (XXIV, n° 411).

1674, *p. 326*, *suite de la note 1*. — Voy. aussi dans le sens de la doctrine de Marcadé au sujet de la rescision des ventes consenties moyennant une rente viagère, — Lyon, 10 juin 1875 (S., 76, 2, 119); Caen, 6 janvier 1879 (S., 79, 2, 184).

1675, *p. 327*. — Lorsqu'un immeuble a été vendu en bloc, c'est son estimation en bloc et non la valeur par parcelles qui doit servir de base pour savoir s'il y a lésion de plus des sept douzièmes. — Cass., 27 juillet 1880 (S., 81, 1, 312).

1677, *p. 330*. — Le juge peut rejeter la demande d'expertise et l'action en rescision lorqu'il est évident pour lui que le prix stipulé et les autres charges forment un tout supérieur aux cinq douxièmes de la valeur des immeubles vendus. — Caen, 6 janvier 1879 (S., 79, 2, 184); Aubry et Rau (IV, § 358, texte et note 17); Laurent (XXIV, n° 436).

1681, *p. 332*. — Lorsque la vente a été consentie moyennant une rente viagère, le supplément de prix que doit payer l'acheteur, s'il use du bénéfice de l'art. 1681, doit consister en une augmentation de la rente viagère, déterminée d'après la valeur réelle de l'immeuble vendu et l'âge du vendeur au moment du contrat. — Lyon, 10 juin 1875 (S., 76, 2, 119).

1689, *p. 339*. — Toutes les exceptions de nature à diminuer ou à anéantir la créance cédée peuvent être opposées au cessionnaire comme au cédant. — Cass., 22 fév. 1893 (S., 93, 1, 144). — Ajout. Cass., 4 fév. 1889 (S., 89, 1, 320); Cass., 5 nov. 1889 (S., 91, 1, 407); Aubry et Rau (IV, § 359, pp. 439 et 440); Laurent (XXIV, n° 536).

1689, *p. 340*, *in fine*. — La cession des effets de commerce peut avoir lieu autrement que par l'endossement, au moyen d'une cession ordinaire dans les termes du droit commun. — Cass., 1er fév. 1876 (S., 76, 1, 149).

De même, la clause d'une police d'assurance sur la vie, déclarant que la propriété du contrat d'assurances est transmissible par voie d'endossement, n'empêche pas qu'elle puisse être transmise également par tout autre mode régulier et légal, notamment par voie de concordat et après faillite. — Paris, 5 mars 1873 (S, 73, 2, 109).

1690, *p. 339*. — L'authenticité de l'acte qui constate que le transport d'une créance a été accepté par le débiteur cédé n'est pas exigée en vue de protéger la libre manifestation de la volonté du débiteur cédé, mais simplement comme mode de preuve imposée par la loi au cessionnaire dans ses rapports avec les tiers; d'où il suit que, si le débiteur constitue un mandataire à l'effet d'accepter le transport, il n'est pas nécessaire que sa procuration soit passée devant notaire ; il suffit que l'acte d'acceptation soit notarié. — Cass., 20 juill. 1892 (S., 92, 1, 415); Guillouard (*Vente*, II, n°s 779 et s.); Laurent (XXIV, n° 486).

1690, *p. 339.* — La clause d'un acte de vente portant que l'acheteur paiera le prix entre les mains des créanciers du vendeur ne constitue pas une cession de créance et les formalités de l'art. 1690 ne lui sont point applicables. — Cass., 24 juill. 1889 (S., 92, 1, 297). — V. aussi Cass., 8 fév. 1888 (S., 90, 1, 85) ; Laurent (XVIII, n°s 316 et 318).

1690, *p. 340.* — Une obligation notariée *à ordre*, alors même qu'elle a une cause civile, peut être valablement transmise par voie d'endossement et sans qu'il soit nécessaire de signifier la cession au débiteur. — Cass., 8 mai 1878 (S., 78, 1, 292). Voy. cependant Laurent (XXIV, n° 498).

Les récépissés des Compagnies de chemins de fer sont assimilés aux lettres de voiture et la tradition manuelle suffit pour constituer au profit du porteur régulier une possession caractérisée et lui assurer le bénéfice de cette possession, sans qu'il soit nécessaire de recourir aux formalités de la cession. — Douai, 12 déc. 1874 (S., 75, 2, 25).

1690, *p. 340.* — La signification prescrite par l'art. 1690 doit être faite à celui qui doit payer, soit au débiteur lorsque c'est à lui qu'en incombe la charge, soit, dans le cas contraire, au dépositaire qui, sans être personnellement tenu de la dette, a en sa possession les deniers affectés à la créance. — Cass., 5 janv. 1875 (S., 76, 1, 157).

1690, *p. 340.* — La signification de la cession d'un droit de bail n'est opposable aux tiers qu'autant qu'elle a été faite au propriétaire de l'immeuble débiteur de la jouissance. La signification faite à un sous-locataire est insuffisante. — Paris, 24 janv. 1873 (S., 75, 2, 335).

La signification de la cession d'une créance sur une commune doit être faite au maire et non pas au receveur municipal. — Chambéry, 17 janv. 1873 (S., 73, 2, 79).

1690, *p. 340.* — En matière de transport de droits incorporels, la loi n'établit aucune distinction entre les créances échues et celles à échoir, ni entre les créances de capitaux et les créances d'intérêts et elle permet de céder les fruits civils qu'on attend d'un capital, aussi bien que ceux qu'un immeuble doit produire. — Pour le transport des fruits futurs d'une créance, la signification au débiteur suffit pour donner à la cession son effet à l'égard des tiers. — Cass., 25 janv. 1875 (S., 76, 1, 12) ; Aubry et Rau (IV, § 359, pp. 419 et s.); Laurent (XXIV, n° 463).

1690, *p. 340.* — L'engagement par le débiteur cédé de se libérer envers le cessionnaire au moyen de traites que celui-ci fournira sur lui constitue bien une acceptation de transport, mais cette acceptation n'étant pas faite par acte authentique ne peut saisir le cessionnaire à l'égard des tiers, alors surtout que les traites n'ont pas été acceptées par le débiteur cédé. — Cass., 26 juill. 1880 (S., 82, 1, 356).

Mais l'acceptation sous seing privé, ou même une simple acceptation verbale, est suffisante pour lier le débiteur cédé. — Cass., 6 fév. 1878 (S., 78, 1, 168); Aubry et Rau (IV, § 359 *bis*, note 10); Colmet de Santerre (VII, n° 136 *bis*-4). — Une acceptation tacite peut même être déclarée suffisante. — Cass., 12 mars 1878 (S., 81, 1, 71).

1690, *p. 340.* — Tant qu'une cession de droits successifs n'a été ni signifiée ni acceptée, le cédant peut intenter valablement une demande en licitation et partage. — Pau, 1er avril 1873 (S., 73, 2, 250).

1690, *p. 340.* — Le cessionnaire nanti par la cession de tous les avantages afférents à la créance cédée est aussi passible des exceptions que le débiteur cédé pouvait opposer au cédant. — Cass., 29 juin 1881 (S., 82, 1,

125). — Voy. aussi Amiens, 21 mai 1879 (S., 80, 2, 134); Aubry et Rau (IV, § 359 *bis*, p. 440); Laurent (XXIV, n° 536).

1690, *p. 340*. — Le défaut d'accomplissement des formalités prescrites par l'art. 1690 peut être opposé au cessionnaire par les créanciers d'un failli ou les syndics de la faillite. — Cass., 26 juill. 1880 (S., 82, 1, 356).

1692, *p. 350 in fine*. — L'hypothèque attachée à des obligations au porteur est transmise, comme ces obligations elles-mêmes, par la simple remise des titres. — Paris, 15 mai 1878, joint à Cass., 29 juin 1881 (S., 83, 1, 218). — Au sujet des lettres de change et billets à ordre, — voy. Alger, 7 mai 1871 (S., 71, 2, 105).

1693, *p. 352*. — En matière de cession de créances comme en matière de vente ordinaire, les parties peuvent convenir que la vente est faite sans garantie, aux risques et périls de l'acheteur, et que, par l'effet de ces clauses, en cas d'inexistence de la créance ou de ses accessoires utiles, le vendeur sera dispensé de payer des dommages-intérêts et même de restituer le prix. — Cass., 17 nov. 1875 (S., 76, 1, 33). — V. aussi Cass., 28 mai 1873 (S., 74, 1, 368; Aubry et Rau (IV, § 359 *bis*, texte et notes 66 et 67). — Au sujet de la cession d'une créance garantie par une hypothèque, — voy. Cass., 19 nov. 1873 (S., 74, 1, 24).

1694, *p. 352*. — Jugé que la clause « avec garantie » doit être interprétée comme garantissant la solvabilité actuelle du débiteur cédé. — Chambéry, 20 mai 1878 (S., 78, 2, 209). — Quelques auteurs estiment cependant qu'une pareille clause n'est qu'une clause de style et n'ajoute rien à la garantie telle qu'elle est établie par la loi. — Aubry et Rau (IV, § 539 *bis*, note 70); Laurent (XXIV, n° 555).

1699, *p. 366*. — Le retrait litigieux peut être exercé même lorsque la créance a été acquise dans une vente faite d'autorité de justice. — Dijon, 22 déc. 1876 (S., 77, 2, 72); Paris, 27 nov. 1879 (S., 80, 2, 211); Paris, 2 avril 1881 (S., 82, 2, 31); — alors même que la créance aurait été comprise dans une cession en bloc d'un très grand nombre de droits et créances. — Cass., 30 juin 1880 (S., 81, 1, 59).

1707, *page 430*. — La loi du *3 novembre 1884* relative aux *droits fiscaux à percevoir sur les échanges d'immeubles ruraux* est ainsi conçue :

Article premier. — *A partir de la promulgation de la présente loi, il ne sera perçu sur les échanges d'immeubles ruraux que 20 c. par 100 fr. pour tout droit proportionnel d'enregistrement et de transcription lorsque les immeubles échangés seront situés dans la même commune ou dans des communes limitrophes.*

En dehors de ces limites, le tarif ainsi fixé ne sera applicable que si l'un des immeubles échangés est contigu aux propriétés de celui des échangistes qui le recevra, et dans le cas seulement où ces immeubles auront été acquis par les contractants par acte enregistré depuis plus de deux ans, ou recueillis à titre héréditaire.

Art. 2. — *Dans tous les cas, le contrat d'échange renfermera l'indication de la contenance, du numéro, de la section, du lieudit, de la classe, de la nature et du revenu du cadastre de chacun des immeubles échangés, et un extrait de la matrice cadastrale desdits biens, qui sera délivré gratuitement soit par le maire, soit par le directeur des contributions directes, sera déposé au bureau lors de l'enregistrement.*

Art. 3. — *Le droit réglé par l'art. 52 de la loi du 28 avril 1816 sera payé sur le montant de la soulte ou de la plus-value.*

Art. 4. — *Les dispositions des lois des 27 juillet 1870 et 21 juin 1875 sont abrogées en ce qu'elles ont de contraire à la présente loi.*

1709, *p. 433*. — C'est la nature et l'étendue des droits cédés qui permettent de reconnaître s'il y a eu bail ou vente; et le juge du fond peut décider qu'un acte, bien que qualifié bail, constitue, en réalité, une vente. — Cass., 9 mai 1892 (S., 92, 1, 423). — V. aussi Cass., 5 mai 1875 (S., 75, 1, 323); Cass., 25 janv. 1886 (S., 88, 1, 226); Guillouard (*Louage*, I, n° 8). — V. Cependant Nîmes, 26 fév. 1883 (S., 83, 2, 225).

1712, *p. 440*. — Constitue un bail à ferme et non pas un contrat aléatoire la concession, par une commune, moyennant un prix annuel déterminé, de la fouille des truffes dans une forêt, alors même que leur reproduction n'est due qu'aux forces seules de la nature. — Nîmes, 26 fév. 1883 (S., 83, 2, 225).

1713, *p. 441*. — Est considérée comme bail la location d'un meuble devant devenir la propriété du preneur au bout d'un certain temps si les loyers ont été régulièrement payés; ce genre de location se pratique pour les machines à coudre, pianos, etc. — Rouen, 30 mars 1882 (Rec. Rouen, 82, p. 177.); Bertheau (*Rép. de la prat. des affaires*, II, n° 8472); Guillouard (*Vente*, II, n° 673).

1715, *p. 450, suite de la note 1* : — Voyez dans le sens de la doctrine de Marcadé, Pau, 5 août 1873 (S., 74, 2, 120); Cass., 26 nov. 1873 (S., 74, 1, 430); Trib. Seine, 25 juin 1875, joint à Cass., 18 avril 1877 (S., 78, 1, 317); Cass., 25 août 1884 (S., 84, 1, 424); Aix, 4 mai 1892 (S., 93, 2, 70); Paris, 3 déc. 92 (S., 93, 2, 71); Cass., 28 juin 1892 (S., 92, 1, 417); Nancy, 4 mars 1893 (S., 93, 2, 173); Colmet de Santerre (VII, n° 162 *bis*, 3); Guillouard (*Louage*, I, 75 à 78 et 84); Laurent (XXV, n°s 73 et s.) Mais la résiliation d'un bail peut être prouvée par témoins, lorsqu'il existe un commencement de preuve par écrit. — Pau, 21 mars 1893 (S., 93, 2, 168).

Suite de la note 3. — Bordeaux, 23 janv. 1878 (S., 78, 2, 137); Colmet de Santerre (VII, n° 162 *bis*, 11); Laurent (XXV, n° 87); Aubry et Rau (IV, § 364, note 17).

Art. 1717, *p. 457, suite du renvoi 2*. — Jugé cependant que la clause qui porte : « Le bail ne pourra être cédé à qui que ce soit, à moins que le « successeur ne convienne au bailleur, » doit être interprétée en ce sens que le refus du bailleur d'agréer le successeur est indispensable et souverain. — Douai, 7 déc. 1881 (S., 82, 2, 117).

Mais la prohibition s'évanouit lorsque, dans le cas prévu par l'art. 2102 C. civ., le bailleur, usant du privilège que lui confère cet article, se fait payer sur le prix des meubles garnissant la maison louée de la totalité des loyers échus et à échoir. Dans ce cas, les ayants cause du locataire peuvent sous-louer, ou céder le bail malgré la clause prohibitive. — Aubry et Rau (IV, § 368, pp. 491 et 492); Troplong (*Priv. et hyp.*, I, n° 155); Curasson (*Compétence*, I, p. 390).

1717, *p. 457*. — Au cas de cession de bail, le bailleur a pour débiteur le preneur originaire, qui ne peut, par le seul effet de sa volonté, s'affranchir des obligations résultant d'un contrat synallagmatique, et le cessionnaire qui est en possession des lieux. — Les cessionnaires intermédiaires n'ayant pas traité avec le bailleur ne sont tenus envers lui qu'à raison de leur possession et pendant sa durée, et ils ne peuvent être actionnés que par leurs cédants respectifs. — Cass., 19 juin 1876 (S., 76, 1, 465). — Voy. aussi Paris, 29 fév. 1876 (S., 76, 2, 329); Paris, 7 fév. 1877 (S., 78, 2, 15); Paris, 11 fév. 1879 (S., 79, 2, 82). — *Contrà* : Labbé, observ. sous Paris, 29 fév. 1876 (S., 76, 2, 329).

1717, *p. 458*. — La transformation d'une société en commandite en société anonyme pendant la durée du bail équivaut à une cession qui ne saurait avoir pour conséquence la résiliation du bail, lorsque le droit de céder le bail n'a pas été interdit par le contrat. — Cass., 10 janv. 1881 (S., 81, 1, 310).

1719 *et* **1720**, *p. 459.* — Le bail de chasse dans une forêt domaniale n'a pas le caractère d'un acte administratif, mais constitue un contrat de droit commun pour l'interprétation duquel l'autorité judiciaire est compétente.— Cons. d'Ét., 13 juin 1890 (S., 92, 3, 112);—Trib. des conflits, 21 mars 1892 (S., 93, 3, 41); — V. aussi Cass., 18 mai 1892(S.,92.1, 440).

Les dommages-intérêts pour dommages causés pour défaut de réparations nécessaires, ne sont dus par le bailleur qu'autant qu'il a été mis en demeure de faire exécuter les réparations soit par une sommation, soit par un autre acte équivalent. — Cass., 11 janv. 1892 (S., 92, 1, 117).

1719 et 1720, *p. 460.* — Les principes qui régissent le contrat de bail à loyer et qui imposent au bailleur l'obligation d'assurer au preneur la complète et paisible jouissance de la chose louée et de ne pas en changer la forme s'appliquent non seulement aux objets énoncés dans le bail, mais encore à tous les avantages qui s'y rattachent et sur lesquels le preneur a dû compter comme utilité ou comme agrément de la location. — Cass., 25 avril 1893 (S., 93, 1, 464). — *Adde:* Guillouard (*Louage*, I, nos 128 et s.); Laurent (XXV, nos 143 et s.).

Art. 1720, *p. 460.* — Le bailleur qui n'a pas délivré la chose louée en bon état de réparations peut, même sans qu'il soit besoin d'une mise en demeure, être condamné à indemniser le preneur du préjudice qu'il a éprouvé par suite de l'inexécution du contrat. — Cass., 15 déc. 1880 (S., 81, 1, 170).

1720, *p. 460.* — Le juge du fait, en décidant, d'après les éléments du débat, que le preneur a eu la pleine et entière jouissance de la chose louée malgré les réparations qu'elle pouvait exiger, reste dans les limites de son droit souverain d'appréciations. — Cass., 8 nov. 1776 (S., 77, 1, 76). — Ajout. Cass., 5 janv. 1876 (S., 76, 1, 104.)

1720, *p. 464, note 2.* — Le locataire est fondé à demander l'expulsion du concierge qui emploie systématiquement des moyens vexatoires pour lui nuire et l'entraver dans l'exercice de sa profession. — Le concierge est dans ce cas passible de dommages-intérêts envers le locataire et le propriétaire peut être déclaré civilement responsable. — Paris, 29 juill. 1881 (S., 81,2, 188). — Ajout. Paris, 30 avril 1878 (S., 78, 2, 139).

1721, *p. 466, note.* — Le bailleur doit garantie au preneur pour tous les vices ou défauts de la chose louée qui en empêchent l'usage, lors même qu'il ne les aurait pas connus lors du bail, et s'il est résulté de ces vices et défauts quelque perte pour le preneur, le bailleur est tenu de l'indemniser. — Aix, 5 janvier 1877 (S., 78, 2, 167). — Ajout. Cass., 21 janv. 1873 (S., 73,1,104); Cass., 23 juin 1874 (S., 75, 1, 120); Cass., 21 juill. 1880 (S., 81, 1,262). — *Sic :* Aubry et Rau (IV, § 366, note 16); Colmet de Santerre (VII, n° 167 *bis*); Laurent (XXV, n° 122).

1722, *p. 471.* — Jugé dans le sens de la doctrine de Marcadé qu'il n'y a pas lieu à la résiliation du bail de terrains et constructions loués pour l'établissement d'un tir, par cela seul que le tir a été interdit par l'administration municipale, alors surtout que c'était au preneur qu'il incombait de se procurer l'autorisation dont le retrait n'a eu lieu que par suite des modifications apportées par les locataires dans l'emploi de la chose louée, et aux dangers plus grands résultant de l'usage d'armes nouvelles et à plus longue portée. — Cass., 14 avril 1874 (S., 75,1,317); Laurent (XXV, n° 153). Sur les divers cas d'application de l'art. 1722, voyez : Toulouse, 23 mars 1876, joint à Cass., 16 mai 1877 (S., 79, 1, 303); Cass., 19 juill. 1876 (S., 77, 1, 53).

1723, *p. 473.* — Le bailleur n'a pas le droit de convertir une écurie en porcherie et d'aggraver ainsi l'incommodité et les inconvénients qui résultaient pour le locataire du voisinage de l'écurie. — Rouen, 28 juin 1878 (S., 79, 2, 116). — Ni, dans une maison louée bourgeoisement, de convertir en café le rez-de-chaussée loué auparavant à un marchand de chaussures. — Bordeaux, 29 mai 1879 (S., 80, 2, 4); ni d'y installer une école de jeunes enfants. — Trib. civ. Lyon, 25 janv. 1881 (S., 81, 2, 219), ni de modifier un passage existant sur une cour commune. — Cass., 25 avril 1893 (S., 93, 1, 464).

1724, *p. 474*. — Le sous-locataire a le droit d'exercer contre le sous-bailleur de qui il tient son bail toutes les actions qui peuvent résulter du contrat de sous-location, mais il ne peut exercer que contre le propriétaire celles qui dérivent d'un fait personnel de ce dernier et auquel le sous-bailleur est resté étranger; il en est ainsi notamment de l'action en dommages-intérêts résultant pour le sous-locataire du préjudice causé par des travaux de réparation que le propriétaire a fait faire à l'immeuble sous-loué. — Cass., 31 juill. 1878 (S., 81, 1, 77); Aubry et Rau (IV, § 368, p. 493).

1724, *p. 474*. — Le locataire qui a quitté les lieux loués pour fuir l'invasion est débiteur du montant des loyers courus pendant la durée de l'occupation, alors surtout que ceux des habitants qui sont demeurés dans la commune n'ont été ni expulsés par l'occupant, ni exposés par les événements de la guerre à des périls qui puissent être considérés comme ayant entraîné une privation de jouissance. — Paris, 28 août 1873 (S., 73, 2, 256). — *Adde:* Orléans, 14 juill. 1871 (S., 72, 2, 237). — Mais si l'occupant a commis dans les lieux loués des dégâts les rendant inhabitables, le locataire doit être déchargé du loyer pendant le temps qu'ont duré les travaux nécessaires pour rendre les lieux loués habitables. — Paris, 28 août 1873 (*loc. suprà*). Et il n'a droit à aucune réduction si ces réparations diminuent seulement la jouissance et ne sont pas de nature à la supprimer. — Orléans, 14 juill. 1871 (*loc. suprà*).

1725, *p. 476, note 1*. — Le trouble apporté à la jouissance du preneur par les infiltrations et détériorations occasionnées par la faute d'un locataire voisin ne peut être considéré comme une voie de fait dans le sens de l'art. 1725, mais bien comme la conséquence d'un acte qui s'attaque directement à la substance de la chose louée et qui en détruit ou modifie la jouissance d'une façon préjudiciable au locataire et dont le propriétaire est tenu de garantir le locataire en vertu de l'art. 1719. — Sauf, bien entendu, le recours de propriétaire contre l'auteur du dommage. — Paris, 13 août 1875 (S., 76, 2, 146). Voyez aussi sur divers cas d'application de l'art. 1725. — Cass., 28 août 1877 (S., 78, 1, 344); Paris, 20 juill. 1879 (S., 80, 2, 203); Cass., 16 nov. 1881 (S., 82, 1, 225.)

1727, *p. 476, note 2*. — Lorsque le preneur a été chargé par le bail de poursuivre son entrée en jouissance à ses risques et périls et sans pouvoir mettre le propriétaire en cause, il se trouve subrogé aux droits du propriétaire et peut, en cette qualité, actionner en déguerpissement ou en dommages-intérêts l'ancien locataire occupant encore les lieux et entendant s'y maintenir à titre de tacite réconduction. — Les articles 1726 et 1727 n'exigent nécessairement l'appel en cause du bailleur que dans le cas où l'auteur du trouble apporté à la jouissance excipe d'un droit de propriété ou d'un réel droit sur la chose louée. — Cass., 9 fév. 1875 (S., 75, 1, 158).

1728, *p. 481*. — Lorsqu'il y a un bail écrit, le juge des référés ne peut, tant que le bail n'a pas été résilié, ordonner l'expulsion du locataire en retard de payer ses loyers. — Paris, 13 janv. 1886 (S., 92, 2, 249, *en note*).

Jugé qu'au contraire il doit ordonner l'expulsion lorsque le bail contient une clause de résiliation de plein droit à défaut de paiement des loyers. — Paris, 9 déc. 1886, 10 fév. 1888, 24 fév. 1888 et 6 avril 1889 (S., 92, 2, 249, *en note*).

V. aussi Orléans, 20 avril 1888 (S., 90, 2, 85) ; Cass., 21 mars 1892 (S., 93, 1, 229).

Et que cette clause peut être invoquée par le bailleur contre le sous-locataire.—Paris, 10 fév. 1888 (*loc. sup. cit.*);—ainsi que par le locataire principal subrogé aux droits du propriétaire. — Paris, 24 fév. 1888 (*loc. cit*). — V. aussi Paris, 1er août 1890, 21 janvier et 18 juin 1891 (S., 92, 2, 249).

1729, *p. 480*. — Le locataire ne peut, sans le consentement du propriétaire, annexer un commerce nouveau au commerce déterminé par le bail. — Ainsi celui qui a loué une boutique pour le commerce de bois et charbons ne peut pas y annexer un débit de vins et liqueurs et il invoquerait en vain que, d'après l'usage, ces deux commerces sont habituellement réunis. — Paris, 26 juill. 1879 (S., 81, 2, 229).

1729, *p. 480, suite de la note 1*. — Sur l'installation des machines à vapeur, voyez aussi Lyon, 28 fév. 1877 (S., 77, 2. 268). — Au sujet des enseignes, voyez Bordeaux, 21 août 1874 (S., 75, 2, 218).

1729, *p. 481, suite de la note 1*. — Au sujet de la résiliation en cas de retard dans le paiement du loyer, voyez Nancy, 16 avril 1877 (S., 79, 2, 325) ; Cass., 3 janv. 1883 (D., 83, 1, 415), et la note sous l'art. 1728, p. 481 *suprà*.

1729, *p. 481, suite de la note 2*. — Le balayage de la rue est à la charge du locataire lorsqu'il n'y en a qu'un seul ; — et à la charge du propriétaire lorsqu'il y a plusieurs locataires et alors même que le propriétaire n'habiterait pas la maison. — Agnel (*Prop. et loc.*, n° 428) ; Code Perrin (n° 3674).

1729, *p. 481, suite de la note 2*. — Jugé que, dans les locations de peu de durée d'appartements meublés, l'impôt personnel mobilier est supprté par le propriétaire, alors surtout que le bail met à sa charge les impositions de toute nature. — Paris, 17 nov. 1875 (S., 77, 2, 262).

1731, *p. 482*. — Le juge du référé ne statue que provisoirement sur les difficultés qui lui sont soumises et ses décisions ne font aucun préjudice au principal et ne peuvent avoir, quant à ce, l'autorité de la chose jugée. — Il en est ainsi notamment en matière d'état des lieux et de réparations locatives. — Cass., 28 juin 1892 (S., 93, 1, 415).

1732, *p. 482*. — Le propriétaire qui vend l'immeuble loué au sous-locataire, dans l'état où il se trouve, et sans faire de réserves au sujet de réclamations qu'il avait à faire au locataire, est réputé avoir renoncé à toute action à raison du bail. — Cass., 17 août 1880 (S., 81, 1, 349).

1732, *p. 482*. — Lorsqu'il est stipulé dans le bail que les améliorations faites par le preneur appartiendront au bailleur à la fin du bail et sans indemnité, le bailleur a le droit, si l'immeuble vient à être détruit par un incendie dont le locataire est déclaré responsable, d'exiger la réparation du préjudice que lui cause la perte de ces améliorations. — Paris, 17 janv. 1879, joint à Cass., 24 nov. 1879 (S., 81, 1, 319).

1732, *p. 483*. — Le juge de paix cesse d'être compétent lorsqu'il s'agit de réparations mises par le contrat à la charge du preneur ou lorsque le preneur soutient qu'une clause du bail le dispense des réparations mises à sa charge par la loi.

C'est devant le tribunal civil que doit être portée l'affaire dans ces deux cas, puisqu'il y a lieu d'examiner un titre et que le juge de paix n'est compétent que pour connaître des *obligations légales* du preneur. — Bertheau (*Répert*., tome Ier, n° 7613) ; Guillouard (*Louage*, tome Ier, n° 213).

1733, *p. 483.* — En cas d'incendie le propriétaire puise dans le contrat de bail et dans le fait de l'habitation le droit de poursuivre directement le sous-locataire. — Cass., 13 janvier 1892 (S., 92, 1, 89 et la note). — Au sujet de la responsabilité du mari dans le cas d'incendie d'une maison appartenant à la femme et donnée à bail par le mari, — V. Cass., 24 fév. 1890 (S., 92, 1, 495).

L'art. 1733 est applicable à l'entrepreneur de fournitures militaires occupant un bâtiment de l'État. — Cons. d'État, 13 mars 1891 (S., 93, 3, 34).

1733, *p. 489, suite de la note 3.* — La question de savoir si l'art. 1733 était applicable au colon partiaire était controversée, mais la doctrine de Marcadé était celle généralement adoptée par les auteurs et par la jurisprudence. — L'art. 4 de la loi du 18 juillet 1889 sur le bail à colonat partiaire a tranché la question. Cet article est ainsi conçu : « Il (le colon) répond « de l'incendie, des dégradations et des pertes arrivées pendant la durée du « bail, à moins qu'il ne prouve qu'il a veillé à la garde et à la conservation « de la chose en bon père de famille... » — Rivière (*Lois usuelles, édit., in-8 à sa date*).

1733, *p. 491, suite du renvoi 1.* — Voyez dans le sens de la doctrine de Marcadé : — Cass., 15 mars 1876 (S., 76, 1, 345) ; Dijon, 18 janvier 1880 (S., 81, 2, 84) ; Lyon, 29 juillet 1880 (S., 81, 2, 180) ; Toulouse, 22 novembre 1880 (S., 81, 2, 29) ; Limoges, 6 février 1883 (S., 83, 2, 127) ; Bordeaux, 10 mai 1884 (S., 84, 2, 198) ; Toulouse, 19 février 1885 (S., 85, 2, 73) ; Orléans, 4 décembre 1886 (S., 88, 2, 154) ; Caen, 1er décembre 189 (S., 93, 2, 152) ; Sirey (*Code civ. ann.*, sur l'art. 1733, n° 12).

La même doctrine est applicable au locataire principal qui habite partie de la maison ; il ne peut invoquer la présomption de l'art. 1733 contre ses sous-locataires que dans les conditions ci-dessus établies pour le propriétaire. — Lyon, 26 décembre 1882 (D., 83, 2, 209).

Voyez d'ailleurs sur l'application de cette présomption : — Limoges, 9 juin 1877 (S., 77, 2, 209) ; Châtillon, 28 juin 1882 (S., 83, 2, 21) ; Chambéry, 24 juillet 1882 (S., 83, 2, 45) ; Bourges, 24 janvier 1883 (S., 83, 2, 188) ; Amiens, 4 avril 1883 (S., 83, 2, 178), et les arrêts cités *supra*. — Voyez aussi Aubry et Rau (IV, § 368, p. 494) ; Richard et Maucorps (*Resp. en mat. d'incendie*, nos 348, 353, 363, 575 et s.) ; Laurent (XXV, n° 203).

1733, *p. 494, suite de la note 1.* — Aux termes de l'art. 3, § 1er, de la loi du 19 février 1889 *relative à la restriction du privilège du bailleur d'un fonds rural et à l'attribution des indemnités dues par suite d'assurances*, les indemnités dues en cas de sinistre par le locataire ou par le voisin sont attribuées, sans qu'il y ait besoin de délégation expresse, aux créanciers privilégiés ou hypothécaires suivant leur rang. — Et le § 2 de cet article accorde un droit de préférence au propriétaire. « *L'assuré* « *ou ses ayants droits, dit-il, ne pourront toucher tout ou partie de l'in-* « *demnité, sans que le propriétaire de l'objet loué, le voisin ou le tiers* « *subrogé à leurs droits aient été désintéressés des conséquences du sinis-* « *tre.* » — Rivière (*Lois usuelles, édit. in-8, à sa date*).

— Avant cette loi la Jurisprudence se prononçait généralement en sens contraire.

1734, *p. 483.* — La loi du 5 janvier 1883 a modifié ainsi qu'il suit l'art. 1734 du Code civil ; le nouveau texte est ainsi conçu :

« *S'il y a plusieurs locataires, tous sont responsables de l'incendie, pro-* « *portionnellement à la valeur locative de la partie de l'immeuble qu'ils* « *habitent ;*

« *A moins qu'ils ne prouvent que l'incendie a commencé dans l'habi-* « *tation de l'un d'eux, auquel cas celui-là seul en est tenu ;*

« *Ou que quelques-uns ne prouvent que l'incendie n'a pu commencer « chez eux, auquel cas ceux-là n'en sont pas tenus.* »

Le nouvel article supprime la solidarité qui existait entre les locataires vis-à-vis du propriétaire et il divise leur responsabilité proportionnellement à la valeur locative de la partie de l'immeuble qu'ils occupent.

La solidarité cesse s'ils démontrent que le feu a commencé chez l'un d'eux; sans cela ils sont tenus comme avant la loi de 1883. — Cass., 9 mai 1892 (S., 92, 1, 240). La loi de 1883 n'a pas d'effet rétroactif et ne s'applique pas aux baux ni aux sinistres antérieurs à sa promulgation. — Cass., 26 avril 1892 (S., 92, 1, 304) — *Contrà* : Lyon, 9 janvier 1884 ; Bordeaux, 7 mai 1884 (S., 85, 2, 1).

1734, *p. 489, suite de la note 1.* — Depuis la loi du 5 janvier 1883, qui a modifié l'art. 1734, la responsabilité solidaire n'existe plus, les locataires ne sont tenus que proportionnellement à la *valeur locative* de la partie de l'immeuble qu'ils occupent. — Cass., 9 mai 1892 (S., 92, 1, 240).

Remarquons qu'il ne s'agit pas du prix du loyer mais de la *valeur locative* qui peut être différente du prix du loyer. — Ainsi, par exemple, si un locataire avait loué pour un prix unique un appartement et un jardin, il ne devrait pas être tenu compte du jardin pour fixer la valeur locative; on doit seulement considérer la portion des lieux loués qui est susceptible de périr par le feu. — Richard et Maucorps (*loc. cit.*, n°s 530 et suiv.).

1735, *p. 494.* — Le locataire est responsable de l'incendie allumé par ses domestiques ou employés, même lorsque le feu a été mis volontairement. — Paris, 7 fév. 1880 (S., 81, 2, 152); Orléans, 19 août 1881 (S., 82, 2, 64); Cass., 24 janv. 1883 (S., 83, 1, 261.)

1737, *p. 499.* — Le commerçant arrivé à fin de bail a le droit d'indiquer par une affiche en calicot sur la façade de la maison son changement de domicile, alors surtout que le propriétaire a fait apposer une affiche semblable indiquant que sa maison est à louer, ce qui peut faire supposer que la maison de commerce va disparaître. — Paris, 21 août 1882 (S., 83,2,107).

1738, *p. 499.* — Il n'y a pas tacite réconduction lorsque le fermier ne s'est maintenu en possession que contre le gré du propriétaire. — Cass., 9 fév. 1875 (S., 75,1,158).

Et le locataire qui se maintient indûment en possession après la date fixée pour l'expiration du bail est tenu de payer les loyers échus jusqu'à sa sortie effective sans préjudice des dommages-intérêts. — Cass., 3 août 1876 (S., 77, 1, 311).

La tacite réconduction n'a pas lieu en matière d'emphytéose. — Douai, 8 fév. 1878 (S., 81, 2, 260).

1738, *p. 499.* — Au sujet de la réconduction en matière de bail à domaine congéable, — voyez Rennes, 21 nov. 1889 (S., 92, 2,35) ; Bertheau (II, n°s 8114 et s.); Guillouard (*Louage*, II, n° 651).

1741, *p. 501.* — Le juge des référés est compétent pour ordonner l'expulsion d'un locataire, lorsque celui-ci a reçu un congé dont la régularité n'est pas contestée. — Grenoble, 4 nov. 1891 (S., 92, 2, 268); — V. aussi Paris, 1er août 1890, 21 janv. et 18 juin 1891 (S., 92,2,249).

La clause résolutoire insérée dans un contrat de bail est obligatoire pour le juge et ne peut être entravée par des offres réelles faites postérieurement au délai imparti par le bail. — Nancy, 16 avril 1877 (S., 79, 2, 325); Orléans, 20 avril 1888 (S., 90, 2, 85); Cass., 21 mars 1892 (S., 93, 1, 229).

1742, *p. 501.* — La résiliation du bail principal entraîne la résiliation des sous-locations. — Cass., 27 mai 1872 (S., 73, 1, 454); Aubry et Rau (IV, § 369, note 15); Curasson (*Comp. des J. de paix*, I, p. 382, nº 50 *ter*); Larombière (*Oblig.*, art. 1184, nº 67). — Voyez aussi Cass., 2 avril 1873 (S., 73, 1, 293). — *Contrà :* Duvergier (nº 539).

1743, *p. 504.* — L'adjudicataire sur saisie immobilière est tenu de respecter les baux. — Montpellier, 14 déc. 1870 (S., 71, 2, 168); — ainsi que les conventions additionnelles dont ils ont pu être l'objet, pourvu qu'elles aient date certaine avant l'adjudication. Cass., 26 nov. 1878 (S., 79, 1, 445). — Ajout. Dijon, 11 fév. 1874 (S., 75, 2, 33).

Jugé que la réserve temporaire du droit de chasse insérée dans une vente d'immeuble a le caractère d'un bail et que l'art. 1743 lui est applicable. — Cass., 10 janv. 1893 (S., 93, 1, 185).

1752, *p. 510.* — Le juge des référés peut ordonner l'expulsion du locataire qui ne garnit pas les lieux loués de meubles suffisants pour répondre du loyer, alors même qu'il ne serait encore débiteur d'aucun terme. — Bordeaux, 26 juill. 1888 (S., 92, 2, 249 en note). — V. aussi Paris, 1er août 1890, 21 janvier et 18 juin 1891 (S., 92, 2, 249).

1753, *p. 511.* — L'art. 1753 n'est pas applicable lorsque le bail porte interdiction de céder ou de sous-louer. — Dans ce cas, les meubles et marchandises garnissant les lieux loués sont considérés comme étant la propriété du locataire et, comme tels, répondre des loyers. — Cass., 11 avril 1892 (S., 92, 1, 433).

1753, *p. 512, suite de la note 2.* — L'affrétement d'un navire constitue un contrat de louage et dès lors le propriétaire du navire à une action directe contre le sous-affréteur pour le paiement du fret qui lui est dû, et ce, dans la limite de ce que celui-ci doit lui-même à l'affréteur. — Rouen, 28 février 1878 (S., 80, 2, 45); Lyon-Caen et Renault (*Préc. de dr. comm.*, nos 45 et s.). — Voy. auss Paris, 11 février 1879 (S., 79, 2, 82). — Voy. cependant Laurent (XXV, nº 200).

1755, *p. 513.* — Le locataire qui, en temps de guerre, a quitté volontairement les lieux loués, avant l'arrivée de l'ennemi, est obligé de contribuer aux frais de réparation des dégradations commises, alors surtout qu'il est constaté que ces dégradations sont dues pour partie à son absence. — Orléans, 14 juillet 1871 (S., 72, 2, 237).

1760, *p. 515.* — La décision du juge du fond fixant à trois années de loyer l'indemnité due au propriétaire dans le cas de l'art. 1760 ne viole en rien cet article. — Cass., 24 novembre 1879 (S., 81, 1, 319). — Voy. aussi Aubry et Rau (IV, p. 504, § 370, texte et note 5); Laurent (XXV, nº 379).

1763-1764, *p. 516.* — La loi du 19 juillet 1889 relative au bail à colonat partiaire a modifié les articles 1763 et 1764 du Code civil (1); cette loi est ainsi conçue :

« Art. 1er. — *Le bail à colonat partiaire ou métayage est le contrat par « lequel le possesseur d'une héritage rural le remet pour un certain temps « à un preneur qui s'engage à le cultiver, sous la condition d'en partager « le produit avec le bailleur.*

(1) La loi de 1889 n'a pas tranché la question de savoir si le bail à colonat était un louage ou une société. — Cette question, qui est très controversée, méritait cependant d'être tranchée. — Aujourd'hui la jurisprudence et les auteurs tendent à considérer le colonat partiaire comme un véritable bail. — Cass., 8 fév. 1875 (D., 75, 1, 169); Riom, 19 mars 1884 (D., 86, 2, 1); Aubry et Rau (IV, § 371, texte et note 16); Bertheau (II, nº 8040); Guillouard (*Louage*, II, nº 614); Laurent (XXV, nº 477). — V. aussi Cons. d'Etat, 14 fév. 1891 (S., 93, 3, 23).

« Art. 2. — *Les fruits et produits se partagent par moitié s'il n'y a stipulation ou usage contraire* (1).

« Art. 3. — *Le bailleur est tenu à la délivrance et à la garantie des objets compris au bail. Il doit faire aux bâtiments toutes les réparations qui peuvent devenir nécessaires. Toutefois, les réparations locatives ou de menu entretien qui ne sont occasionnées ni par la vétusté, ni par force majeure, demeurent, à moins de stipulation ou d'usage contraire, à la charge du colon* (2).

« Art. 4. — *Le preneur est tenu d'user de la chose louée en bon père de famille, en suivant la destination qui lui a été donnée par le bail; il est également tenu des obligations spécifiées pour le fermier par les art. 1730, 1731 et 1768 Code civ.* »

« *Il répond de l'incendie, des dégradations et des pertes arrivées pendant la durée du bail, à moins qu'il ne prouve qu'il a veillé à la garde et à la conservation de la chose en bon père de famille.*

« *Il doit se servir des bâtiments d'exploitation qui existent dans les héritages qui lui sont confiés, et résider dans ceux qui sont affectés à l'habitation*(3).

« Art. 5. — *Le bailleur a la surveillance des travaux et la direction générale de l'exploitation, soit pour le mode de culture, soit pour l'achat et la vente des bestiaux. L'exercice de ce droit est déterminé, quant à son étendue, par la convention ou, à défaut de convention, par l'usage des lieux.*

« *Les droits de chasse et de pêche restent au propriétaire* (4).

« Art. 6. — *La mort du bailleur de la métairie ne résout pas le bail à colonat.*

« *Ce bail est résolu par la mort du preneur ; la jouissance des héritiers cesse à l'époque consacrée par l'usage des lieux pour l'expiration des beaux annuels* (5).

« Art. 7. — *S'il a été convenu qu'en cas de vente l'acquéreur pourrait résilier, cette résiliation ne peut avoir lieu qu'à la charge par l'acquéreur de donner congé suivant l'usage des lieux.*

« *Dans ce cas, comme dans celui prévu par le dernier paragraphe de l'article precédent, le colon a droit à une indemnité pour les impenses extraordinaires qu'il a faites, jusqu'à concurrence du profit qu'il aurait pu en tirer pendant la durée de son bail: la résiliation en cas de vente est régie, au surplus, par les art. 1743, 1749, 1750 et 1751 du Code civil* (6).

« Art. 8. — *Si, pendant la durée du bail, les objets qui y sont compris sont détruits en totalité par cas fortuit, le bail est résilié de plein droit. S'il ne sont détruits qu'en partie, le bailleur peut se refuser à faire les réparations et les dépenses nécessaires pour les remplacer ou les rétablir. Le*

(1) Un article qui a été rejeté accordait au preneur la jouissance exclusive des jardins attenant à son habitation et le droit exclusif au produit de l'émondage des haies et des arbres suivant l'usage des lieux, par suite de ce rejet le bailleur a droit à la moitié des fruits du jardin annexé à l'habitation du preneur.— V. Rapp. de M. Million à la chambre des députés.

(2) Ainsi, comme dans tous autres baux, le bailleur est tenu de délivrer la chose louée, de l'entretenir et d'en garantir la jouissance; il est également tenu de l'impôt foncier. — Bertheau (II, n°s 8044 et 8045); Guillouard (II, n° 618).

(3) Il résulte du § 2 de cet article que l'art 1733 Code civ. n'est pas applicable au colon partiaire et qu'il lui suffit de prouver, en cas d'incendie, qu'il s'est comporté en bon père de famille.

(4) Le droit de surveillance et de direction était déjà reconnu au bailleur avant la loi du 18 juillet 1889. — Grenoble, 20 mars 1863 (S., 63, 2, 108).

(5) Le § 2 de cet article tranche la controverse qui existait sur ce point; le bail est résolu par la mort du preneur.

(6) La disposition de l'art. 1746 n'est pas applicable au bail à colonat; cet article ne régit que le bail à ferme. Ici le chiffre l'indemnité due doit résulter d'un compte à établir entre le bailleur et le colon. (Voy. le Rapp. de M. Million à la ch. des députés).

« *preneur et le bailleur peuvent, dans ce cas, suivant les circonstances, de-*
« *mander la résiliation.*

« *Si la résiliation est prononcée à la requête du bailleur, le juge appré-* « *ciera l'indemnité qui pourrait être due au preneur, conformément au* « *deuxième paragraphe de l'art. 7 de la présente loi* (1).

« Art. 9. — *Si, dans le cours de la jouissance du colon, la totalité ou une* « *partie de la récolte est enlevée par cas fortuit, il n'a pas d'indemnité à* « *réclamer au bailleur. Chacun d'eux supporte sa portion correspondante* « *dans la perte commune* (2).

« Art. 10. — *Le bailleur exerce le privilège de l'art. 2102 du Code civil* « *sur les meubles, effets, bestiaux et portions de récolte appartenant au* « *colon, pour le paiement du reliquat du compte à rendre par celui-ci* (3).

« Art. 11. — *Chacune des parties peut demander le règlement annuel du* « *compte d'exploitation.*

« *Le juge de paix prononce sur les difficultés relatives aux articles du* « *compte, lorsque les obligations résultant du contrat ne sont pas contestées,* « *sans appel lorsque l'objet de la contestation ne dépasse pas le taux de sa* « *compétence en dernier ressort, et à charge d'appel à quelque somme qu'il* « *puisse s'élever.*

« *Le juge statue sur le vu des registres des parties; il peut même ad-* « *mettre la preuve testimoniale s'il le juge convenable* (4).

« Art. 12. — *Toute action résultant du bail à colonat partiaire se pres-* « *crit par cinq ans, à partir de la sortie du colon.*

« Art. 13. — *Les dispositions de la section première du titre du louage,* « *contenues dans l'art. 1718 et dans les articles 1736 à 1741 inclusive-* « *ment, et celles de la section 3 du même titre, contenues dans les art. 1766,* « *1777 et 1778, sont applicables aux baux à colonat partiaire. Ces baux* « *sont, en outre, régis, pour le surplus, par l'usage des lieux* (5). »

1765, *p. 518.* — La demande en augmentation ou diminution de prix pour erreur dans la contenance n'est pas de la compétence du juge de paix. — Curasson (*Compétence*, I, n° 347, p. 493)— *Contrà:* Duranton (XVII, n° 181).

1766, *p. 519.* — Le fermier qui par des fumures suffisantes conserve à la terre ses principes fertilisants n'est pas tenu de se conformer à l'assolement triennal prescrit par les anciens baux. Il suffit qu'il rende les terres à sa sortie dans l'état où il les a reçues.—Orléans, 21 juill. 1877 (S., 77, 2, 292).

(1) Pour le bail à ferme l'art. 1722 donne au fermier, en cas de perte partielle, le droit de demander la résiliation ou une diminution du prix. Ici, au contraire, il n'y a d'autre alternative que la résiliation ou la continuation du contrat, et la résiliation ne donne droit à une indemnité que si elle est prononcée à la requête du bailleur. (V. Rapp. de M. Million.)

(2) Il résulte de cet article que les art. 1769 et 1770, sur la modération du fermage pour récoltes insuffisantes, ne sont pas applicables au bail à colonat.—Voy. *infrà*, art. 1771, VI, p. 530. — Nous ajouterons même que si la perte survenait après la récolte et lorsque le colon aurait été mis en demeure d'avoir à livrer les fruits, il supporterait seul la perte et pourrait être tenu de dommages-intérêts. — Bertheau (II, n° 8052); Guillouard (*Louage*, II, n° 623).

(3) Ce privilège était déjà reconnu au bailleur avant la loi du 18 juillet 1889. — Paris, 26 déc. 1871 (S., 73, 2, 13). — Et nous croyons avec M. Bertheau (II, n° 8053) que les modifications et restrictions apportées par la loi du 19 fév. 1889 à l'art. 2102 sont applicables en matière de bail à colonat, quoique notre article 10 ne renvoie qu'à l'art. 2102 et non, en même temps, à la loi du 19 fév. 1889.

(4) Il résulte du rapport de M. Million à la chambre des députés que le juge d'appel a aussi la faculté d'admettre la preuve testimoniale.

(5) La chambre des députés a supprimé la mention des articles 1774 et 1776 qui se trouvait dans le texte voté par le Sénat. — Ces deux articles ne sont donc pas applicables au bail à colonat.

1769, *p. 521.* — L'art. 1769 ne s'applique pas aux baux de chasse. — Douai, 20 déc. 1871 (S., 71, 2, 280) ; — Mais il peut être invoqué par l'adjudicataire de la fouille des truffes dans une forêt communale. — Nîmes, 26 fév. 1883 (S., 83, 2, 225).

Jugé que la preuve testimoniale est admissible dans le cas de l'art. 1769. — Paris, 22 juin 1872 (S., 72, 2, 99) ; Laurent (XIX, n° 428).

1776, *p. 532.* — Au sujet de la reconduction du bail à domaine congéable, — V. Rennes, 21 nov. 1889 (S., 92, 2, 35) ; Guillouard (*Louage*, II, n° 651) ; Bertheau (II, n°s 8114 et s.).

1778, *p. 537.* — La clause d'un bail à ferme ainsi conçue : « Le preneur enlèvera les pailles à sa sortie, n'en ayant pas trouvé à son entrée sur la ferme » ne renferme pas, de la part du bailleur, renonciation à la faculté que lui concède l'art. 1778 de retenir les pailles suivant l'estimation. — Rouen, 4 juill. 1881 (S., 81, 2, 264). — V. aussi au sujet des pailles et fumiers : Amiens, 5 avril 1876 (S. 77, 2, 7) ; Paris, 6 déc. 1877 (S., 78, 2, 55) ; Douai, 30 déc. 1880 (S., 81, 2, 112). — Voy. aussi Laurent (XXV, n° 452).

1779, *p. 538.* — L'ouvrier ne peut être déclaré responsable envers son maître des malfaçons qu'il aurait commises dans un ouvrage dont il a été chargé qu'autant qu'une faute serait constatée contre lui dans l'exécution de ce travail, alors surtout qu'il a travaillé sous la surveillance de son maître qui connaissait, quand il l'avait choisi, l'insuffisance de ses aptitudes. — Cass., 15 fév. 1892 (S., 92, 1, 143). — V. aussi Rennes, 18 juill. 1882 (S., 83, 2, 248) ; Bertheau (*Répert.*, V, n° 33.001).

1779, *p. 540.* — L'engagement pris par un maître pêcheur de conduire un bateau de pêche moyennant une part dans la pêche et un salaire fixe dit *chapeau* constitue non une association en participation, mais un louage de services nul pour tout le temps qui excède une année ou deux saisons de pêche, conformément à la loi du 2 octobre 1793. — Rouen, 2 mai 1874 (S., 75, 2, 48).

1779, *p. 540.* — Le directeur d'un théâtre, à moins d'une clause formelle, n'a pas le droit de transmettre à celui auquel il vend le théâtre les engagements contractés envers lui par les artistes, alors surtout que les modifications apportées à la scène feraient déchoir l'artiste et seraient de nature à nuire à la manifestation de son talent et à sa considération personnelle. — Paris, 25 fév. 1892 (S., 92, 2, 85).

1780, *p. 545.* — L'art. 15 de la loi du 9 juillet 1889 relative au Code rural a modifié ainsi qu'il suit l'art. 1780 en ce qui concerne la durée du louage des *domestiques et ouvriers ruraux* : « *La durée de louage des domestiques* « *et des ouvriers ruraux est, sauf preuve d'une convention contraire, ré-* « *glée suivant l'usage des lieux.* »

En outre, la loi du 27 décembre 1890 sur le contrat de louage et sur les rapports des agents des chemins de fer avec les compagnies a modifié ou plus tôt complété l'art. 1780 du Code civil.

Par suite, l'art. 1780 se trouve aujourd'hui ainsi conçu :

« *On ne peut engager ses services qu'à temps ou pour une entreprise* « *déterminée.*

« *Le louage de services, fait sans détermination de durée, peut toujours* « *cesser par la volonté d'une des parties contractantes.*

« *Néanmoins, la résiliation du contrat par la volonté d'un seul des* « *contractants peut donner lieu à des dommages-intérêts.*

« *Pour la fixation de l'indemnité à allouer, le cas échéant, il est* « *tenu compte des usages, de la nature des services engagés, du temps*

« *écoulé, des retenues opérées et des versements effectués en vue d'une pen-*
« *sion de retraite, et, en général, de toutes les circonstances qui peuvent*
« *justifier l'existence et déterminer l'étendue du préjudice causé.*

« *Les parties ne peuvent renoncer à l'avance au droit éventuel de de-*
« *mander des dommages-intérêts en vertu des dispositions ci-dessus.*

« *Les contestations auxquelles pourra donner lieu l'application des*
« *paragraphes précédents, lorsqu'elles seront portées devant les tribunaux*
« *civils et devant les cours d'appel, seront instruites comme affaires*
« *sommaires et jugées d'urgence.* »

D'après M. Schaffhauser (*Lois nouv*, 1891, 1re part., p. 362, nos 22 et suiv.), le nouvel art. 1780 doit être appliqué aux agents auxiliaires comme aux agents commissionnés des compagnies de chemins de fer ; aux agents des chemins de fer de l'Etat, aux secrétaires de mairie et aux employés d'octroi et aussi aux employés de caisses d'épargne. — Orléans, 15 mars 1893 (S., 93, 2, 207). — Il ne s'applique pas aux employés qui travaillent à l'heure ou à la journée.

Jugé que la révocation d'un employé des chemins de fer de l'Etat constitue un acte administratif et que les tribunaux civils sont incompétents pour connaître de la demande en indemnité formée par l'employé révoqué. — Orléans, 22 nov. 1891 (S., 92, 2, 105).

Mais l'employé de chemin de fer révoqué sur la réquisition du ministre des travaux publics en vertu du décret du 27 mars 1852 n'a aucun recours contre la Compagnie. — Schaffhauser (*loc. cit.*, n° 35).

Pour que la rupture du contrat donne lieu à des dommages-intérêts, il faut qu'elle ait été intempestive ; il ne suffirait pas qu'elle eût eu lieu sans motifs légitimes. — Schaffhauser (*loc. cit.*, n° 30).

1780, *p. 548*. — En fixant la durée du contrat, les parties peuvent stipuler que l'une d'elles ou chacune d'elles pourra le résilier à sa volonté. L'art. 1174, n'est pas applicable dans l'espèce, puisque, dans toute obligation de faire, le contrat peut toujours être rompu par la volonté de l'une des parties. Cette clause, qui n'avait pour effet que d'empêcher toute demande de dommages-intérêts, était donc parfaitement licite. — Cass., 10 mai 1875 (S., 75, 1, 264) ; Cass., 10 mai 1876 (S., 76, 1, 256) ; Pau, 9 janv. 1878 (D., 79, 2, 180) ; Cass., 4 août 1879 (D., 80, 1, 272) ; Caen, 13 déc. 1883 (*Rec. Caen*, 85, p. 50) ; Rouen, 12 fév. 1887 (*Rec. Rouen*, 87, p. 140) ; Cass., 15 mai 1887 (D., 87, 1, 410) ; Cass., 2 juill. 1888 (D., 89, 1, 184).

Il n'en est plus ainsi, du moins en ce qui concerne le louage de services fait sans détermination de durée, depuis la loi du 27 décembre 1890, qui a complété l'art. 1780. Aux termes de cette loi : « Les parties ne peuvent renoncer à l'avance au droit éventuel de demander des dommages-intérêts. » — Voyez *suprà* le nouvel art. 1780.

Jugé que rien ne s'oppose à ce que les parties fixent à l'avance l'indemnité qui sera due en cas de rupture du contrat. — Trib. comm. Seine, 9 sept. 1892 (S., 93, 2, 63). — Mais cette décision nous paraît critiquable en ce que, dans l'espèce, l'indemnité avait été fixée à la somme dérisoire de 5 fr. — Il résulte, en effet, de la discussion à laquelle a donné lieu le § 4 du nouvel article 1780 qu'une convention de ce genre ne serait pas opposable lorsque la convention fixerait un chiffre de dommages-intérêts inférieur à celui réellement dû.

1780, *p. 549*. — Est licite la clause par laquelle un employé s'interdit, pour le cas où il viendrait à quitter la maison, la faculté de s'établir ni s'employer, dans un rayon déterminé, dans un établissement ou une industrie similaire. — Et le bénéfice de cette clause peut être invoqué par les acquéreurs ou cessionnaires de la maison de commerce. — Paris, 23 juin 1882 (S., 83, 2, 13). — Ajout. Cass., 6 août 1878 (S., 79, 1, 65) ; Ruben de Couder (*Dictionnaire de droit commercial*, t. II, v° *Commis*, n° 50).

— Voy. aussi 30 juin 1874 (S., 75, 1, 62) ; Cass., 30 mars 1885 (S., 85, 1, 216).

Mais on ne peut valablement renoncer par contrat sans limite de temps ni d'espace à l'exercice d'une industrie déterminée. — Trib. féd. Suisse, 3 juin 1893 (S., 93, 4, 32). — V. auss. Cass., 2 mai 1882 (S., 83, 1, 21).

1780, *p. 549, suite de la note 1.* — Jugé que la compagnie d'assurances qui renvoie brusquement et sans motif un de ses agents est passible de dommages-intérêts envers lui. — Dijon, 8 mars 1880 (S., 81, 2, 15). — V. cependant Grenoble, 5 juin 1891 (S., 92, 2, 135) ; Cass., 10 nov. 1891 (S., 91, 1, 529) ; Cass., 18 juill. 1892 (S., 92, 1, 337) ; Guillouard (*Louage*, II, nº 722).

Jugé également que les préposés d'octroi, renvoyés pour cause de suppression d'emploi, ont droit à une indemnité que peut être fixée à trois mois de traitement s'ils n'ont pas été prévenus suffisamment à l'avance. — Trib. Villefranche, 1er août 1873 (D., 73, 3, 96). — Pour les employés de Caisses d'épargne l'indemnité a été fixée à six mois. — Dijon, 11 janv. 1882 (S., 82, 2, 228) ; voy aussi : Cass., 10 sept. 1880 (S., 81, 1, 236) ; Orléans, 15 mars 1893 (S., 93, 2, 207). — V. au surplus, pour divers cas d'application de la loi du 27 déc. 1890 : Trib. comm., Seine, 5 mai et 15 mai 1891, Trib. comm., Lille, 26 mai 1891, Trib. de paix Reims, 6 juin 1891, Trib. comm., Nantes, 11 juill. 1891 (S., 92, 2, 123 et la note) ; Cass., 13 janv. 1892 (S., 93, 1, 257).

1780, *p. 549.* — Jugé que le médecin est tenu de posséder les connaissances nécessaires pour l'exercice de sa profession et que s'il se trouve en présence de cas qui mettent sa science en défaut, il doit faire appeler un autre médecin compétent, à moins que les circonstances ne le permettent pas. — S'il n'accomplit pas les obligations qui lui incombent il ne peut exiger que l'autre partie lui paie ses services. — Trib. féd. Suisse, 9 déc. 1892 (S., 93, 4, 16). — V. aussi Nîmes, 26 fév. 1884 (S., 86, 2, 156).

1783, *p. 553.* — Au sujet de la responsabilité du voiturier par terre, — V. Cass., 13 août 1888 (S., 89, 1, 181) ; Cass., 6 mars 1889 (S., 89, 1, 277) ; Cass., 22 mai 1889 (S., 90, 1, 30) ; Trib. Seine, 14 mai 1892 (S., 92, 2, 156) ; Trib. Seine, 25 nov. 1892 (S., 93, 2, 107) ; Trib. de paix de Paris (VIIIe arr.), 27 juill. 1893 (S., 93, 2, 261). — Pour le voiturier par eau, V. Cass., 6 juin 1882 (S., 83, 1, 323) ; Cass., 11 fév. 1884 (S., 84, 1, 221) ; 21 juill. 1885 et 1er mars 1887 (S., 87, 1, 121) ; Cass., 2 avril 1890 (S., 90, 1, 213) ; Alger, 7 déc. 1891 (S., 92, 2, 116) ; Cass., 25 juill. 1892 (S., 92, 1, 360) ; Nîmes, 13 mars 1893 (S., 93, 2, 259).

1784, *p. 553.* — Si, d'après les principes du droit commun, le commissionnaire n'est pas responsable des objets confiés qui ont péri dans un incendie ayant pour cause un cas fortuit ou la force majeure, il en est autrement s'il est obligé personnellement vis-à-vis des tiers à les garantir même dans ce cas ; et il peut, quand il a pris cette obligation, comprendre dans l'assurance par lui contractée les risques nouveaux auxquels il s'est ainsi personnellement soumis. — Par suite, l'assureur ne peut invoquer ensuite la force majeure pour le soustraire au paiement de l'indemnité. — Cass., 28 janv. 1890 (S., 93, 1, 470). — V. aussi Cass., 27 déc. 1887 (S., 90, 1, 519).

En ce qui concerne les avaries survenues pendant le transport en chemin de fer aux marchandises venant de l'étranger, — V. Besançon, 28 mai 1892 (S., 93, 2, 73).

1784, *p. 553.* — La question de savoir si le contrat de remorquage constitue un contrat de transport régi par les art. 1782 et suiv., ou un contrat de louage d'industrie soumis aux dispositions des articles 1382 et s., est controversée. — Voyez dans le premier sens : Paris, 26 nov. 1892 (S., 93, 2,

91) et dans le second Paris, 16 avril 1886 (S., 88, 2, 235); Poitiers, 24 déc. 1888 (S., 89, 2, 161).

D'après la Cour de cassation l'art. 1784 n'est pas applicable au transport des personnes. — 10 nov. 1884 (S., 85, 1, 129). — *Adde* : 13 avril 1892 (S., 93, 2, 93). — Mais cette doctrine rencontre de sérieuses résistances de la part des Cours d'appel. — V. Aix, 5 juill. 1887 (S., 87, 2, 230) ; Aix, 12 déc. 1887 (S., 88, 2, 138) ; Paris, 27 juill. 1892 (S., 93, 2, 93). — V. aussi la note de M. Lyon-Caen, sous Cass., 10 nov. 1884 (S., 850, 1, 129).

1787, *p. 557*. — Constitue un contrat de louage d'industrie et non pas une vente le contrat par lequel le propriétaire d'un terrain charge un entrepreneur d'y construire un édifice, lors même que ce dernier fournit non seulement son travail ou son industrie, mais encore les matériaux de la construction. — Cass., 20 fév. 1883 (S., 83, 1, 313). — Voy. cependant Aubry et Rau (IV, § 374, note 2), qui estiment qu'une telle convention est de nature mixte. — Quant à M. Laurent (XXVI, n° 5), il professe la même doctrine que Marcadé.

1788, *p. 558, suite de la note 3*. — Ajouter aux autorités citées à la note 3 : Rennes, 23 juillet 1873 (S., 74, 2, 36); Rennes, 21 avril 1874 (S., 74, 2, 212) ; Cass., 17 mai 1876 (S., 77, 1, 337) ; Rennes, 4 mars 1880 (S., 81, 2, 265). — Voy. aussi Pont (*Priv. et Hyp.*, I, n° 97).

1789, *p. 559, suite de la note 1*. — Jugé cependant qu'en matière de peignage de laines et dans certains départements l'usage rend le peigneur à façon responsable de la perte des laines qui lui sont confiées, sauf cas fortuit ou force majeure. — Douai, 27 janvier 1881 (S., 81, 2, 191). — Cass., 21 mars 1882 (S., 82, 1, 320). — V. aussi Cass., Belgique, 18 février 1892 (S., 92, 4, 31).

Suite de la note 2. — Mais l'ouvrier qui travaille sous les ordres et la surveillance du maître n'est pas responsable des malfaçons, alors surtout que le maître connaissait l'insuffisance de ses aptitudes pour le genre de travail qu'il lui avait confié. — Cass., 15 novembre 1892 (S., 92, 1, 143) ;

1792, *p. 562*. — Jugé que l'architecte est responsable pour la totalité des malfaçons imputables à l'entrepreneur, lorsque ces malfaçons auraient été évitées par une plus grande surveillance de l'architecte. — Cass., 25 mars 1874 (S., 74, 1, 220); Bertheau (*Répert.*, V, n°s 32.985 et s.). — Voyez aussi sur la responsabilité des entrepreneurs et des architectes : Cass., 26 novembre 1873 (S., 74, 1, 11); Cass., 24 juin 1874 (S., 74, 1, 464); Cass., 24 novembre 1875 (S., 77, 1, 311) ; Pau, 26 juillet 1879 (S., 79, 2, 317); Cons. d'Et., 13 décembre 1889 (S., 92, 3, 31). Et leur responsabilité s'étend même à la pose de tuyaux destinés à une conduite d'eau. — Rennes, 20 avril 1875 (D., 77, 2, 172). — Mais l'art. 1792 n'est pas applicable au constructeur de la machine hydraulique d'une usine. — Angers, 23 août 1877 (S., 78, 2, 209). — Voy. cependant Cass., 10 mai 1869 (S., 69, 1, 317) ; — ni aux ingénieurs des ponts et chaussées dirigeant des travaux communaux dans les limites de leurs fonctions. — Cons. d'Et., 20 février 1880 (S., 81, 3, 58); Bertheau (*Répert.*, V, n° 32.999). — Mais il est applicable à l'architecte municipal. — Cons. d'Etat, 13 juin 1890 (2 arrêts) (S., 92, 3, 116 et 117); — ainsi qu'à l'ingénieur des ponts et chaussées qui dirige des travaux communaux sans autorisation du ministre et moyennant des honoraires. — Cons. d'Etat, 5 juin 1891 (S., 93, 3, 61).

1792, *p. 563*. — En ce qui concerne le point de départ de la prescription de l'art. 1792, — voyez Paris, 12 mai 1874 (S., 76, 2, 240) ; Paris, 15 juin 1874, joint à Cass., 24 janvier 1876 (S., 77, 1, 204).

La doctrine de Marcadé, et de la grande majorité des auteurs, d'après laquelle, lorsque le vice de construction se manifeste dans les dix ans, l'action contre l'architecte dure 30 ans avait été consacrée par un arrêt de Cassation du 5 août 1879 (S., 79, 1, 405). — Mais la Cour suprême, par un arrêt rendu, toutes Chambres réunies, le 2 août 1882, a consacré la doctrine contraire (S., 83, 1, 5). — Voir aussi Amiens, 16 mars 1880 (S., 80, 2, 317); Bertheau (*Répert.*, nos 33.026 et s.).

Le délai de dix ans de l'art. 1792 peut être augmenté au gré des parties. — Conseil d'État, 3 janvier 1881 (S., 83, 3, 34).

1793, *p. 565*. — La doctrine de Marcadé, d'après laquelle l'art. 1793 n'est applicable qu'autant qu'il y a prix fait d'avance pour le tout et en bloc, vient encore d'être consacré par deux arrêts de cassation. — 10 mars 1880 (S., 80, 1, 248); — 16 janv. 1882 (S., 82, 1, 104). — Conf. Frémy-Ligneville et Perriquet (I, n° 27); Laurent (XXVI, n° 74). — Voyez aussi Alger, 25 mars 1878 (S., 79, 2, 335).

Au sujet des honoraires des architectes. — Voyez. Cass., 27 mars 1876 (S., 79, 1, 453); Cass., 28 janvier 1878 (S., 79, 1, 289); Lyon, 31 mars 1881 (S., 81, 2, 142).

1797, *p. 567*. — Le sous-traitant qui a passé un marché avec l'entrepreneur principal ne peut être considéré comme l'employé de celui-ci et les tiers qui ont traité avec lui n'ont pas de recours contre l'entrepreneur. — Cass., 28 janv. 1880 (S., 81, 1, 416); Paris, 14 nov. 1881 (S., 83, 2, 133); — ni même les ouvriers du sous-traitant. — Frémy-Ligneville et Perriquet (I, nos 141 et 231); Laurent (XXVI, n° 82). — Voyez encore sur ces questions, Cass., 30 déc. 1872 (S., 73, 1, 220); Lyon, 18 déc. 1878 (S., 81, 2, 59); Cass., 11 août 1879 (S., 80, 1, 253); Cass., 15 janv. 1889 (S., 89, 1, 74); Bertheau (*Répert*, V, n° 33.002).

1798, *p. 567*. — La disposition de l'art. 1798 édictée pour protéger le travail n'est applicable qu'aux ouvriers réclamant le prix de la main-d'œuvre. — Cass., 28 janv. 1880 (S., 81, 1, 416). — Voy. aussi Lyon, 18 déc. 1878 (S., 81, 2, 59); Aubry et Rau (IV, § 374, p. 537); Laurent (XXVI, n° 77); Bertheau (*Répert.*, V, nos 33.088 et s.). — Voy. cependant Aix, 9 août 1877 (S., 78, 2, 151). — *Contra :* Frémy-Ligneville et Perriquet (I, n° 222).

1799, *p. 567*. — Les art. 1792 et 1799 ne sont pas applicables à l'ouvrier qui n'a fait qu'exécuter des travaux à la tâche sous la direction, les ordres et la surveillance d'un entrepreneur et avec des matériaux que celui-ci lui fournissait. — Rennes, 18 juill. 1882 (S., 83, 2, 248); Aubry et Rau (IV, § 374, texte et note 33); Bertheau (*Répert.*, V, n° 33.001); Laurent (XXVI, n° 37).

Poitiers. — Imprimerie Blais, Roy et Cie, 7, rue Victor-Hugo, 7.

Extrait du Catalogue de la Librairie J. DELAMOTTE

MARCADÉ et P. PONT. **Explication théorique et pratique du Code civil**, contenant l'analyse des auteurs et de la jurisprudence, et un résumé après le commentaire de chaque titre. Nouvelle édition (1874-1894). 13 vol. in-8.. **117 fr.**

Les volumes se vendent séparément.

RAMBAUD. **Code civil** par demandes et réponses. 7e édition, 1892. 3 vol. in-8 (1 vol. par examen)........................ **19 fr. 50**

VALETTE. **Mélanges de droit, de jurisprudence et de législation**, recueillis par Hérold et Lyon-Caen, 2 vol. in-8, illustrés d'un portrait du maître gravé par Ribailler........................ **20 fr.**

VRAYE et GODE. **Le divorce et la séparation de corps** (Traité théorique et pratique). Causes, effets, procédure, jurisprudence. Formules et législation comparée. 2e édit., 1887, refondue. 2 vol. in-8. **18 fr.**

P. PONT. **Des sociétés civiles et commerciales.** 2 vol. in-8, 2e édit.. **18 fr.**

P. PONT. **Commentaire-Traité des privilèges et hypothèques et de l'expropriation forcée**, mis en rapport avec les lois sur la transcription et sur la tenue des registres hypothécaires, sur l'hypothèque maritime, etc. 3e édit. refondue. 2 vol. in-8.............. **18 fr.**

BOULANGER et RÉCY (De). **Des radiations hypothécaires** (Traité pratique et théorique). 3e édit., 1886, 2 vol. in-8............ **20 fr.**

BESSON. **Les livres fonciers et la réforme hypothécaire.** In-8, 1891.. **10 fr.**

Journal des Conservateurs des hypothèques. Abonnement. .... **20 fr.**

ÉMION. **Dictionnaire de jurisprudence hypothécaire** (Table du Journal des conservateurs) de 1845 à 1880. In-8.............. **15 fr.**

Table décennale du Journal des Conservateurs (faisant suite à celle d'Émion) de 1880 à 1890. In-8........................ **5 fr.**

(Ces deux ouvrages réunis constituent un répertoire analytique, alphabétique et chronologique de la jurisprudence hypothécaire de 1845 à 1890.)

ÉMION et HERSELIN. **Hypothèque légale de la femme mariée. Renonciation.** Commentaire théorique et pratique de la loi du 13 février 1890. In-8.. **2 fr.**

ANDRÉ. **Traité pratique du régime hypothécaire.** In-8, 1886.. **10 fr.**

JOURDAA. **Manuel alphabétique de la transcription hypothécaire** (Droit civil et Enregistrement). In-8, 1886.............. **6 fr.**

ANDRÉ. **Dictionnaire de droit** dans les matières intéressant le notariat. 4 vol. in-8.. **32 fr.**

ANDRÉ. **Nouveau formulaire général alphabétique du notariat.** 2e édit. refondue et au courant, 1887. 2 vol. in-8....... **18 fr.**

ANDRÉ. **Traité pratique des liquidations et partages.** 2 vol. in-8, 1893.. **20 fr.**

ANDRÉ. **Traité pratique des ventes d'immeubles amiables, judiciaires et administratives**, Principes, règles spéciales, enregistrement. In-8, 1894.. **10 fr.**

Un formulaire spécial, 1 vol., sous presse, complétera cet ouvrage.

ANDRÉ. **Formulaire pour testaments.** 2e édit., 1891..... 4 fr.

ANDRÉ. **Traité pratique des partages d'ascendants.** In-8, 1881.. 5 fr.

ANDRÉ. **Manuel et formules pour déclarations de successions.** In-8, 1892.. 2 fr.

ANDRÉ. **Formulaires pour inventaires.** In-8, 1890........ 3 fr.

ANDRÉ. **Formulaires pour contrats de mariage.** In-8, 1889. 3 fr.

ANDRÉ. **Le régime dotal dans la pratique.** Droit civil, droit fiscal, formules. In-8, 1889.................................... 3 fr. 50

GENTY. **La Basoche notariale.** Origines et histoire, du XIVe siècle à nos jours, de la cléricature notariale. In-8.................. 5 fr.

BOURSIER. **Traité-Guide de comptabilité notariale.** In-4, 1892.. 8 fr.

FLOQUET. **Des droits de l'époux survivant** dans la succession de son conjoint. In-18, 1892.................................... 3 fr.

JOURDAA. **Traité comparatif de l'acte authentique et de l'acte sous seing privé.** In-18, 1879........................ 1 fr. 50

JOURDAA. **Tableau raisonné des formes ou formalités de la confection des actes notariés et sous seing privé.** 2e édit. In-4, 1888.. 2 fr. 50

JOURDAA. **Guide pour économiser légalement des droits fiscaux dans les actes.** 3e édit. In-8, 1892.................. 4 fr.

NAQUET. **Traité théorique et pratique des droits d'enregistrement.** 3 vol. in-8, 1882............................ 22 fr. 50

NAQUET. **Traité des droits de timbre.** In-8, 1894...... 10 fr.

DEMANTE. **Principes de l'enregistrement,** exposés en forme de commentaire de la loi du 22 frimaire an VII, 4e édit., 1888-1889. 2 vol. in-8.. 15 fr.

BESSON. **Traité pratique de la taxe de 4 0/0 sur le revenu.** 1 vol. in-8.. 8 fr.

Ch. DUMAINE. **Du contrat d'assurance sur la vie** en droit civil et en droit fiscal, 2e édit. 1892. In-8........................ 7 fr.

GALLOIS. **Traité pratique des cessions de fonds de commerce, des marques de fabrique et brevets d'invention** au point de vue **de l'enregistrement et du timbre.** In-16, 1888............ 3 fr.

PÉGOURIÉ. **Traité du timbre des affiches** de toute nature. In-8, 1891.. 4 fr.

GUDIN DU PAVILLON et REY. **Manuel électoral.** In-18, 1890. 1 fr.

CHASSAIGNON. **Barème** des banques et du capitaliste. In-18. 3 fr.

Ch. GÉRAUD. **Table générale alphabétique et analytique des instructions, circulaires,** lettres communes, précis et bulletins chronologiques publiés par l'Administration de l'Enregistrement, des Domaines et du Timbre. 2 vol. in-8.............................. 20 fr.

DURAND-MORIMBAU. **La juridiction commerciale.** Manuel formulaire des juges consulaires. In-8, 1894...................... 9 fr.

H. BERTHEAU. **Répertoire raisonné de la pratique des affaires.** Dictionnaire général de droit et de jurisprudence. Ouvrage en cours. Se composera d'environ 12 volumes grand in-8o jésus. Prix de chaque volume.. 15 fr.

www.ingramcontent.com/pod-product-compliance
Lightning Source LLC
LaVergne TN
LVHW020250230826
846091LV00006B/2344

9782013451864